栄[illegible]等学校

SCHOOL GUIDE

SAKAE HIGASHI SENIOR HIGH SCHOOL

全国学生美術展　最高位賞!!

国際地学オリンピック
参加34か国→銀メダル
文部科学大臣表彰!!

最年少!!　15歳
行政書士試験合格

全国鉄道模型コンテスト
理事長特別賞!!

東京オリンピック第４位!!
アーティスティック スイミング

チアダンス
東日本大会優勝!!

栄東のクイズ王
東大王　全国大会　日本一!!

産経国際書展　U23大賞!!

栄東の誇るサメ博士
サンシャインでトークショー

〒337-0054　埼玉県さいたま市見沼区砂町2-77（JR東大宮駅西口　徒歩８分）
◆アドミッションセンター　TEL：048-666-9288　FAX：048-652-5811

CONTENTS

Success 15　10

https://success.waseda-ac.net/

サクセス15
October 2022

Special School Selection

東京都　世田谷区　共学校

東京学芸大学附属高等学校

School data

所在地：東京都世田谷区下馬4-1-5
アクセス：東急東横線「学芸大学駅」徒歩15分、東急田園都市線「三軒茶屋駅」徒歩20分またはバス
生徒数：男子489名、女子497名
ＴＥＬ：03-3421-5151
ＵＲＬ：http://www.gakugei-hs.setagaya.tokyo.jp/

- 3学期制
- 週５日制（月１回土曜授業あり）
- 月・水・木６時限、火・金７時限、土４時限
- 50分授業
- １学年８クラス
- １クラス約40名

「本物教育」によって養う イノベーションを引き起こす力

大学受験、そして将来に活かせる「本物の学力」を育てる東京学芸大学附属高等学校。各教科の授業に加え、フィールドワークや探究活動、国際交流など、多彩な学びの数々が用意されています。

大野弘　校長先生

目標を達成するための３つのキーワード

東京学芸大学附属高等学校（以下、東京学芸大附属）は、1954年に創立されました。当時は竹早校舎と世田谷校舎が設置されており、1961年に両校舎が統合され現在地に移転した歴史があります。同校では「多様な分野でイノベーション(改革)を引き起こし、国際社会に貢献する人間」を育てたい人間像に掲げています。

大野弘校長先生は「この目標を達成するためのキーワードが『生涯学習者』『情報収集・分析・課題発見能力』『多様性を活用する力』です。大学受験だけのために勉強するのではなく、生徒には、生涯にわたって学習していく姿勢や自ら学んでいく方法を身につけてほしいと思います。そして、ICT機器を活用して情報を収集・分析し、課題を発見する力も重要になるでしょう。また、現代は異なる文化・価値観を理解・受容し協働できるコミュニケーション力も求められています。これらの力を育成するための教育を実践しています」と話されます。

１学年の人数は約320人で、そのうち200人ほどは東京学芸

大学の附属中学校3校から進学してきており、120人がそのほかの中学校から入学しています。

「附属中学校の生徒が約200人いると聞くと、とても多く感じるかもしれません。しかしひと口に附属中学校といってもそれぞれに特色を持っており、各中学校から約70人が進学してくる形です。そのため、みなさんのように高校受験を経て入学してくる生徒が割合としては一番多いのです。とはいっても、これは数字上のことで、実際にはそうした割合を考える必要がないほど、すぐに打ち解けていますよ」（大野校長先生）

各教科のつながりを意識した授業を展開

東京学芸大附属の授業を表す言葉は「本物教育」です。基礎基本をおろそかにはせず、そのうえで実物に触れる授業、学問の深みに触れる授業がめざされています。

カリキュラムは高2まで共通履修となっています。文系の学部に進学を希望する生徒であっても物化生地の科目すべてを、理系分野に進みたいと考える生徒も地歴公民の科目を学びます。

「時間割は教科によって分かれていますが、実際には英語で遺伝子工学や経済学についての文章を読んだり、物理で落下運動について学ぶ際には微分・積分の考え方を活かしたりと、各教科の内容は密接に関係しています。ですから、生徒の理解を深めるために教員が連携して指導にあたることを大切にしています」と大野校長先生。

このように幅広い知識を養ったうえで、高3から文系、理系に分かれます。

「文系、理系のクラスを設けるのではなく、選択科目のなかから、希望進路に沿って科目を選び受講する形です。大学では学部や学科に所属しますから、自分とは異なる分野に進む仲間と机を並べる高校時代は、貴重な期間だと考えています。卒業生のなかには、弁護士として医療訴訟にかかわった際、

グラウンド

中庭

講堂

趣のある階段
生徒同士が語りあうベンチ

季節を感じる木々に囲まれた敷地に、充実した施設がそろっています。

医師となった同級生にアドバイスをもらった人もいたようです。卒業後も深いつながりがあるのは、同じクラスで濃密な時間を過ごしたからこそでしょう」（大野校長先生）

数多くの実験や探究活動にも取り組む

「本物教育」を象徴する取り組みとしては実験やフィールドワークの機会が多数用意されていることがあげられます。

物理・化学はほぼ毎週、生物・地学は1カ月に2回ほど実験の時間が設けられています。そしてフィールドワークとして1日かけて旧江戸城周辺をめぐる「地理学習」、城ヶ島（神奈川）を訪れ地層を観察する「野外実習」、研究所や大学で最先端の研究に触れる「科学見学実習」などがあります。

さらに東京学芸大附属では、全員が「探究活動」を行うのも大きな特徴です。まず高1で探究の基礎を学びテーマを設定、高2では、分野別に分かれて、各自の探究を進めていきます。なお希望者は高3でも継続することが可能です。

「教員も全員が参加し、自分の専門性を活かして生徒を指導します。どのグループも、最後には必ずポスター発表を行います。卒業生からは、探究活動で養った表現力や発信力は大学でも大いに活かせていると聞いています」（大野校長先生）

これまでに「植物ホルモンの効果的抽出（化学）」「竜巻の人工発生（地学）」「刑法における正当防衛に関する研究（法律）」「効率の良い覚え方（教育学・心理学）」「出汁の違いから分かる食文化（家政）」といったテーマがありました。これらのテーマから、教科の枠を越えたバラエティに富んだ探究活動が行われていることがわかります。

ICT機器を活用し新たな学びをスタート

近年新たに始まったプログラムとして、2020年度入学生より、

1人1台のPCが導入されています。

図、レポートの作成にとどまらず、楽譜作成ソフトを使用して作曲をするなど、新たな学びが可能になりました。

加えて大野校長先生は「チャット機能も役立っています。みんなの前で発言することは恥ずかしいと感じる生徒であっても、チャットであれば臆することなく意見を言えるようです。

学校は複数の生徒が机を並べる『協働的な学び』の場ですから、そこに個々に合わせた『個別最適な学び』を共存させることは本来は難しいものです。しかしICT機器を活用することで、教員が生徒1人ひとりの意見や考え方を把握し、対応することができるようになります」と話されます。

また、コロナ禍の現在は、国際交流においても、ICT機器を積極的に使っているといいます。

東京学芸大附属は、従来からタイのプリンセス・チュラポーン・サイエンスハイスクール・チェンライ校（PCSHSCR）と姉妹校提

公民の授業

地学の授業

多彩な学び

フィールドワークをはじめ、本物に触れる授業を実施する東京学芸大附属。近年はICT機器も取り入れられています。

野外実習

ICT 機器を活用した学び

探究活動・発表

携を結んでおり、相互交流を実施していました。現在は、互いの国を訪問することはできないものの、新たにオンラインで共同研究を始めたそうです。

「テーマは環境と生物です。互いに研究を進め、定期的に発表、議論しあい研究を深めています。コロナ禍をきっかけに始まりましたが、オンラインであれば毎週でも交流できるというメリットがありますから、今後も続けていく予定です」（大野校長先生）

大学受験に向けた支援体制も万全

東京学芸大附属は校名からもわかる通り、東京学芸大学の附属校です。しかし、同大学への内部進学制度はありません。生徒は学力を高めつつ、自らの進みたい道を探し、その希望を実現していくのです。そうした生徒を支援する体制もしっかりと整っています。

長期休暇中には、数多くの講習が実施されます。大学受験に特化したもののほか、実験を行う講習もあることが特徴です。

「実験の講習を受けるのは理科に大きな興味を持っている生徒ばかりです。ですから、普段の授業よりも一歩踏み込んだ、より高度な実験に取り組めるようにしています。ときにはブタの胎児を解剖することもありますよ。

普段から補習も行い、どの生徒も確実に学力を向上させられるようにサポートしています」（大野校長先生）

また、全国模試も導入されています。「模試」と聞くと、生徒が自分の実力を測り、自らの強みや弱点を知るもの、というイメージがあるでしょう。しかし、そのほかにも大きな意味があると大野校長先生は熱く語ります。

「模試の結果を分析し、授業改善に役立てる、それが大切です。例えばある教科において、全体的に理解が足りない部分が見つかったとしたら、それは生徒の責任ではなく、授業方針や指導方法に問題があるということですから、学校の責任です。そのため、模試のあとは必ず結果を分析し、その後の指導をよりよいものにしようと、教員の研修会を開いています」

濃密な3年間を過ごし社会で活躍できる人材へ

キャリア教育としては、大学で学ぶ卒業生と、30歳前後の卒業生から話を聞く講座が用意されています。「昨年は社会人の卒業生のうち弁護士や医師、人事コンサルタント、ジャズピアニスト、ゲームデザイナーとして活躍する方々を招きました。毎年14人ほどにお願いしていて、意識せずとも男女半々になります。世間では女性の社会進出が叫ばれていますが、本校の卒業生は性別にかかわらず活躍しているのだと感じて嬉しい限りです」と大野校長先生。

そのほか、「医学部ガイダンス」や「海外大学進学説明会」、東京工業大学と連携した特別授業、ノーベル賞受賞者やジャーナリストによる講演会も実施されています。

ここまでお伝えしてきたように

特別授業

東京工業大学の教授から指導を受けられる特別授業。生徒にとって大きな刺激となります。

東京学芸大附属では、「協働の精神」を養うものとして行事も大切にされ、数多く実施されています。

スキー学校

体育祭

入学式

辛夷祭

部活動

多くの生徒が参加する部活動。授業のあとは、気持ちを切り替えて、部活動に全力で取り組みます。

弓道部

多彩な学びを用意する東京学芸大附属。一方で、部活動参加率は9割を超え、高3が約1時間の劇を上演する辛夷祭（文化祭）、大自然のなかで仲間との友情を深める林間学校（高1）など、行事も盛んです。

忙しい高校生活のなかで、生徒はそのとき目の前にある物事に全力を傾ける姿勢と、優先順位を考え時間を有効に使うタイムマネージメントの力を身につけていきます。そうした3年間を過ごすことで「多様な分野でイノベーション（改革）を引き起こし、国際社会に貢献する人間」へと成長していくのです。

結びに大野校長先生は「柔軟な姿勢を持ち、知的好奇心の強い生徒さんを待っています。そして基礎基本をおろそかにしないことも大切です。本校には様々なプログラムがありますから、入学後は多くのことに挑戦してみなさんの才能を羽ばたかせてください」と話されました。

■2022年３月　大学合格実績抜粋　（　）内は既卒

国公立大学		私立大学	
大学名	合格者数	大学名	合格者数
北海道大	6（5）	早稲田大	134（57）
東北大	5（4）	慶應義塾大	117（55）
筑波大	4（2）	上智大	44（14）
東京大	27（14）	東京理科大	68（30）
東京医科歯科大	6（3）	青山学院大	36（16）
東京外国語大	8（3）	中央大	65（32）
東京学芸大	6（0）	法政大	35（22）
東京工業大	3（0）	明治大	99（55）
お茶の水女子大	5（0）	立教大	34（10）
一橋大	8（3）	学習院大	12（9）
京都大	10（0）	国際基督教大	3（1）

写真提供：東京学芸大学附属高等学校　※写真は過年度のものを含みます。

利用者の利便性を高めるために

これからも進化し続ける 交通系ICカード

最近では、電車やバスに乗るときに多くの人が交通系ICカードを利用するようになりました。また、コンビニエンスストアや飲食店などの様々な場所で、現金ではなくクレジットカードや電子マネーで支払う人も増えてきたようです。中学生のみなさんのなかにも、交通系ICカードを持っている人もいるのでは？

今回は、交通系ICカードの先駆けであるSuica（スイカ）を約20年前に誕生させた東日本旅客鉄道株式会社（以下、JR東日本）のみなさんから伺ったお話をもとに、交通系ICカードの歴史や仕組みについてご紹介します。

画像提供：東日本旅客鉄道株式会社

交通系ICカードSuicaの仕組みを大公開

まずは知っているようで知らない交通系ICカードについて、Suicaを例にその仕組みについて学びましょう。

交通系ICカードがあれば現金がいらない!?

交通系ICカードとは、コンピューターの頭脳ともいえる「CPU（中央演算処理装置）」と「メモリー（情報記録）」で構成される「ICチップ」を内蔵したカードのことです。このカードは、駅の改札機やバスに備えつけられた読み取り機を通して情報をやりとりすることで、鉄道やバスを利用できるだけでなく、買いものなどでも電子マネーとして使うことができます。

現在、日本国内では、JR東日本のSuicaをはじめ、西日本旅客鉄道株式会社（以下、JR西日本）のICOCA（イコカ）など、様々な交通系ICカードが発行されています。

交通系ICカードでできること

電車に乗るときに券売機や精算機に並ぶ必要がない

あらかじめ入金（以下、チャージ）されているSuicaを改札機の読み取り機にタッチするだけで通過することが可能。もちろん改札を出るときもタッチするだけで自動精算できます。

Suica定期券の場合も先にチャージしておけば、定期券区間以外で乗り降りしても改札機で自動精算が可能です（チャージ機能を有効としていない一部のSuica定期券を除く）。

全国で使えるSuica

Suicaがあれば、JR東日本エリア約840駅をはじめ、北は北海道から南は沖縄まで、全国相互利用対象

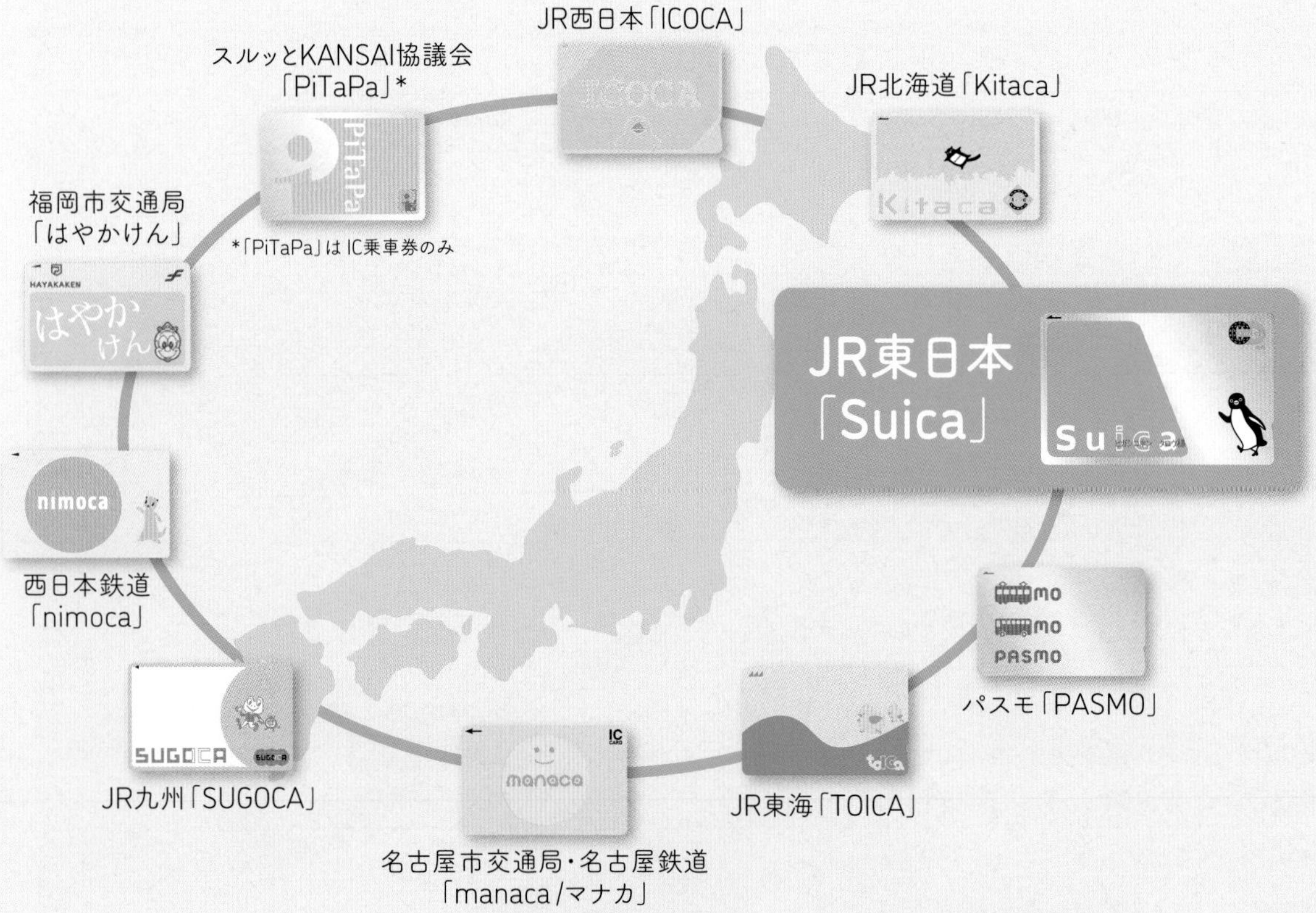

JR西日本「ICOCA」

スルッとKANSAI協議会「PiTaPa」*

JR北海道「Kitaca」

福岡市交通局「はやかけん」

*「PiTaPa」はIC乗車券のみ

JR東日本「Suica」

西日本鉄道「nimoca」

パスモ「PASMO」

JR九州「SUGOCA」

JR東海「TOICA」

名古屋市交通局・名古屋鉄道「manaca／マナカ」

【利用可能駅等】JR東日本エリア：840駅、全国相互利用対象エリア：約5,000駅、バス車両数：約50,000台

エリアにある約5000駅、約5万台のバスにキャッシュレスで乗車することができます。

※全国相互利用の詳細については、JR東日本ホームページなどでご確認ください

買いものも Suicaがあればキャッシュレス

交通系ICカードで支払い可能なレジならば、Suicaにチャージされている残高を電子マネーとして使用することができます。「Suicaで支払います」と伝えたあとにSuicaやモバイルSuica（14ページ参照）を機械にタッチすれば、それだけで支払いが終了します。

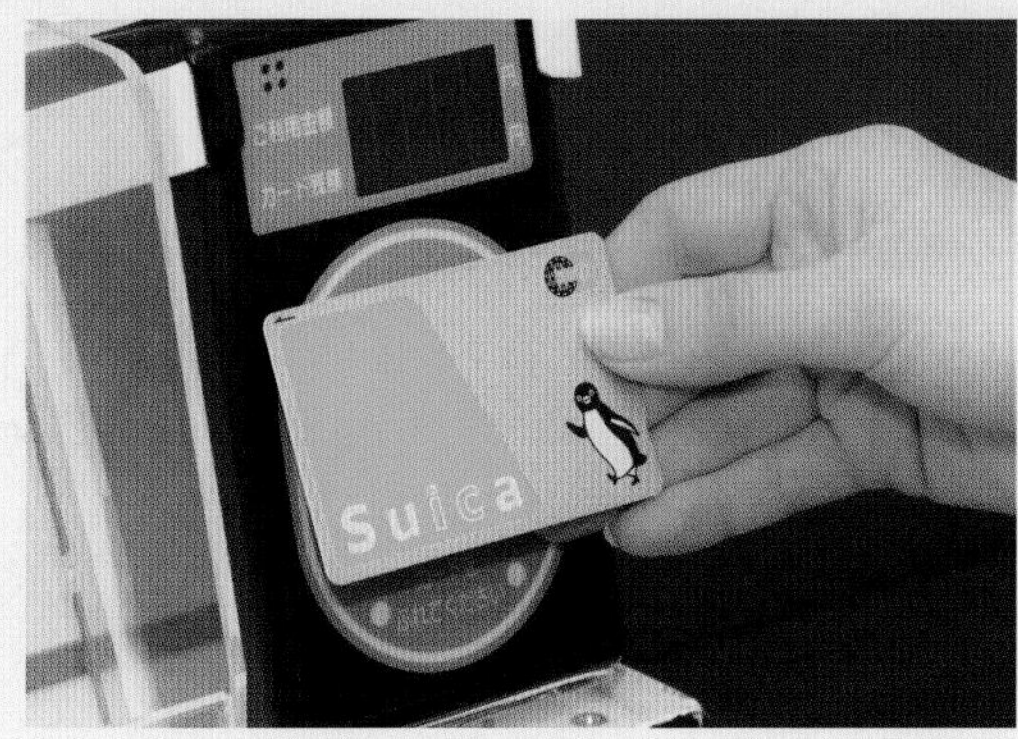

環境にも優しい交通系ICカード

自動券売機などを使って現金チャージを繰り返せば、同じICカードを使用し続けることができます。

また、Suicaは、券面の印字情報を書き換えられるリライト機能を採用しているので、Suica定期券を継続購入するときをはじめ、定期券部分のみを払い戻してMy Suica（記名式）にしたり、無記名のSuicaに氏名などを登録してMy Suicaにしたりする場合も、同じICカードを使用することができます。もちろん、チャージ残額はそのまま引き継がれます。

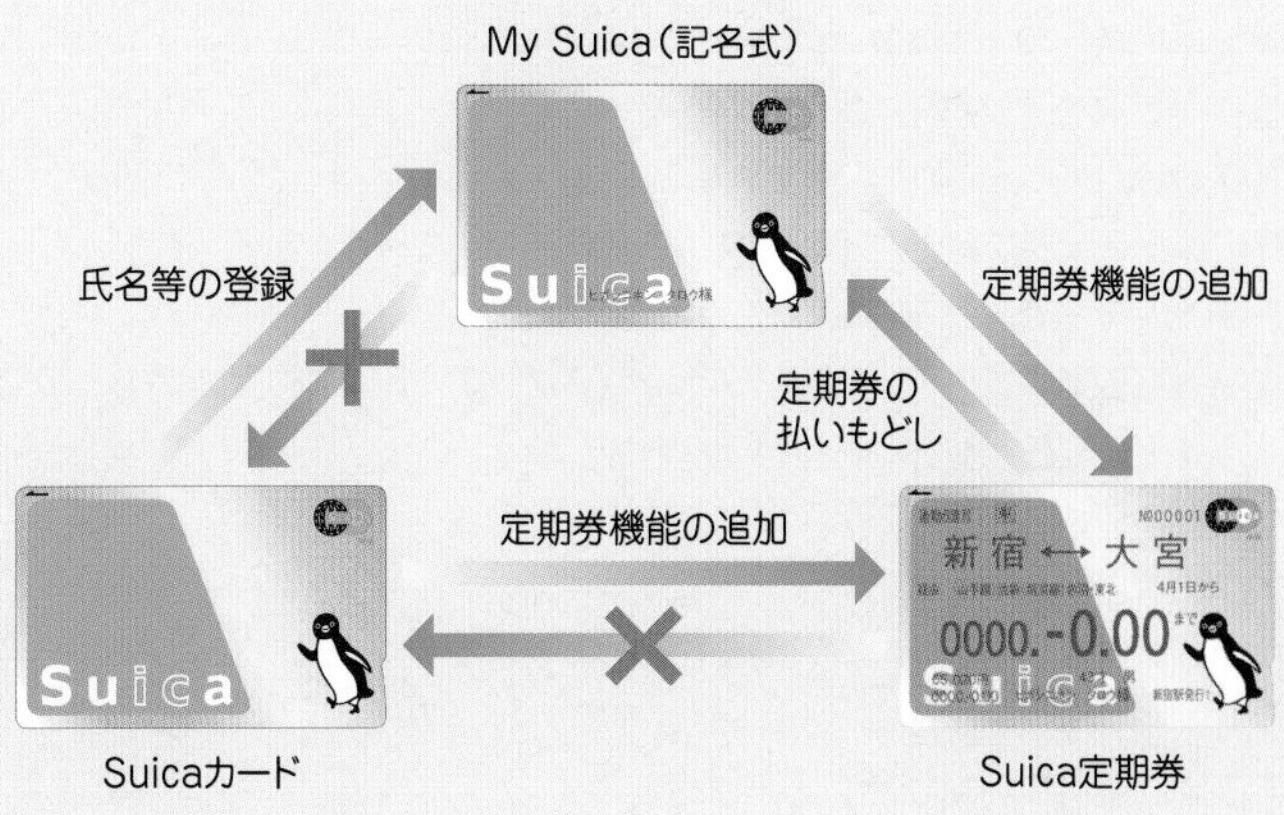

Suicaの処理速度は ＼わずか0.2秒!!／

なぜ、Suicaがあれば、電車やバスに乗ったり、キャッシュレスで買いものをしたりできるのでしょうか？　その秘密はSuicaなどの交通系ICカードが採用するソニーの非接触ICカード技術方式「FeliCa（フェリカ）」にあります。

「FeliCa」とは、1枚のカードにICチップとアンテナを搭載し、対応する装置にかざすことでデーターの読み書きをする技術のことをいいます。Suicaのなかにもアンテナに接続されたICチップが入っていて、改札機の読み取り機（通信領域）にSuicaをかざした瞬間にSuica内のアンテナが電磁波をキャッチ。カード内に電流が流れ、ICチップが起動します。起動したICチップはアンテナを通じて改札機に内蔵されている読み取り機とデーターをやりとりする――。このデーターのやりとりを瞬時に行う技術が「FeliCa」です。

具体的なデーターのやりとりは次の5つです。①通信領域内にカードがあることを確認する　②Suicaが利用可能かどうかを判断する ③ICチップ内のメモリーから残額などの情報を取り出す ④改札を通過させてもいいかどうかを判断する ⑤メモリーに入出場した駅名を記載する。ちなみに、この5段階のデーターのやりとりにかかる時間はわずか0.2秒。つまり、私たちがSuicaを読み取り機にかざした瞬間にすべてが終わっているのです。

では、このように一瞬でデーターのやりとりが終わるにもかかわらず、Suicaを読み取り機にタッチする、“タッチ＆ゴー”を促しているのはなぜなのでしょうか。その答えは、かざす時間があまりにも短い場合、ICチップに電流がうまく流れないからです。「ピピピピ……」とエラー音を鳴らさないためにも、しっかりとタッチするようにしましょう。

タッチ＆ゴー

読み取り部の側面図

Suica 進化を続けた20年！

Suicaのサービスが開始したのは、2001年11月18日のことです。
その後、Suicaがどのように進化してきたのかをみてみましょう。

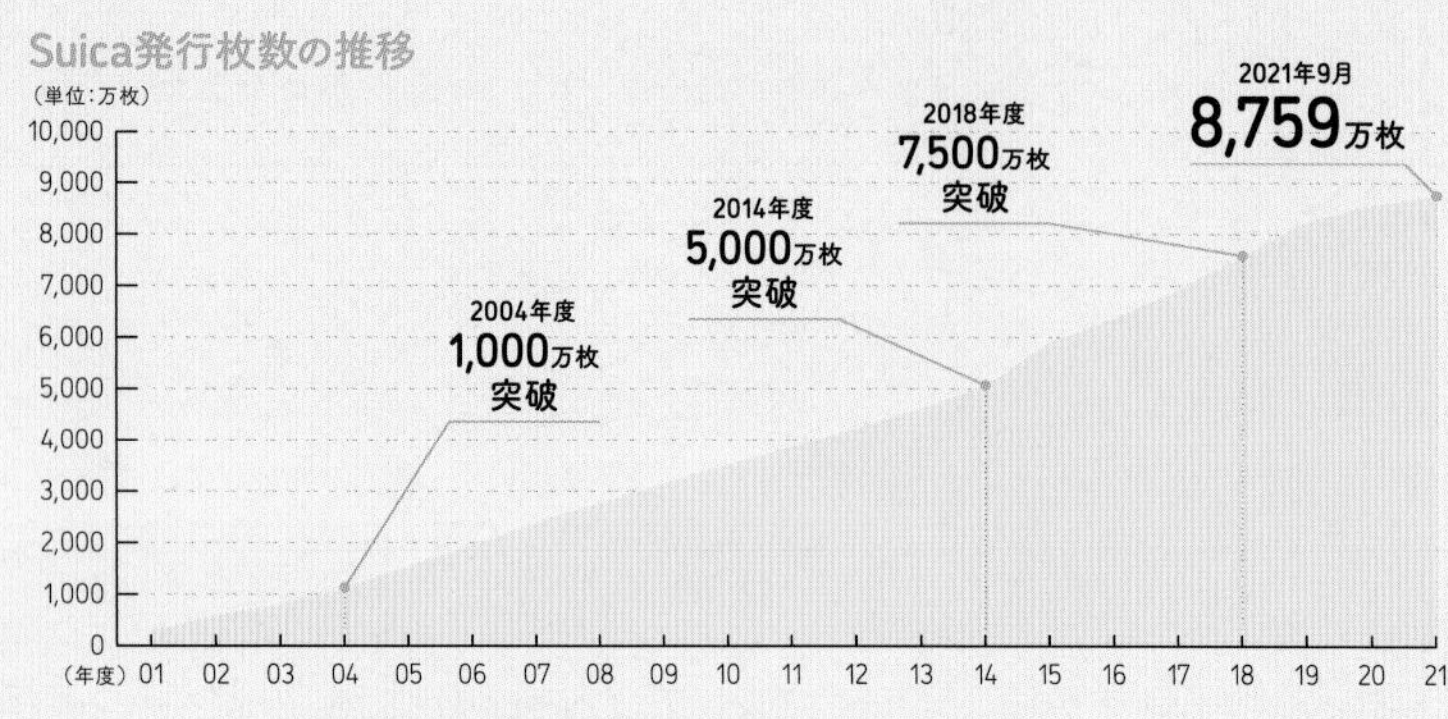

1 Suicaの発行枚数の推移

2022年7月現在では発行枚数は9000万枚を突破！ ちなみに、首都圏のICカード利用率は約95％で、Suicaの月間処理件数は約８億件です。

2 キャッシュレス化を推進

地方エリアの観光地や公共施設へもSuicaが使えるお店を拡大したことで、2021年９月には121万店舗を達成しました。なお、おもにJR東日本の鉄道駅に出店するコンビニエンスストア「NewDays」でのIC決済比率は約55％です。

交通系電子マネー利用可能店舗数と月間利用件数（過去最高値）

(単位：千店舗) 0 / 300 / 600 / 900 / 1,200 / 1,500

(単位：千万件) 0 / 5 / 10 / 15 / 20 / 25 / 30

(年度) 03 04 05 06 07 08 09 10 11 12 13 14 15 16 17 18 19 20 21

月間最高利用件数 2億5,261万件（2019年12月）

2021年9月 121万店舗

3 技術協力することでICOCAが誕生

JR西日本が発行するICOCAは、JR東日本がSuicaの仕組みやシステムを情報提供したことで誕生しました。これは、将来的な相互利用を見据えてのことで、その結果、JR西日本エリアでICOCAサービスが始まった 2003年11月１日からわずか９カ月後、2004年８月１日から、SuicaとICOCAの相互利用がスタートしました。

4 モバイルSuicaも日々進化中！

モバイルSuicaは、2006年１月28日にフィーチャーフォン（携帯電話）でスタートした、非接触ICチップを搭載した携帯情報端末向けのサービスです。現在では、スマートフォン（Android・iPhoneなど）やApple Watch、さらにはウェアラブルデバイス（スマートウォッチなど）でもモバイルSuicaのサービスがスタートしています。使い方は、Suicaのアプリをダウンロード、もしくは、Google Pay、楽天ペイとSuicaを連携させたスマートフォンなどを改札機の読み取り機にタッチするだけ。「いつでもどこでも」チャージ、Suica定期券やグリーン券の購入、ネットショッピングにおける決済、残額や利用履歴の表示が可能です。

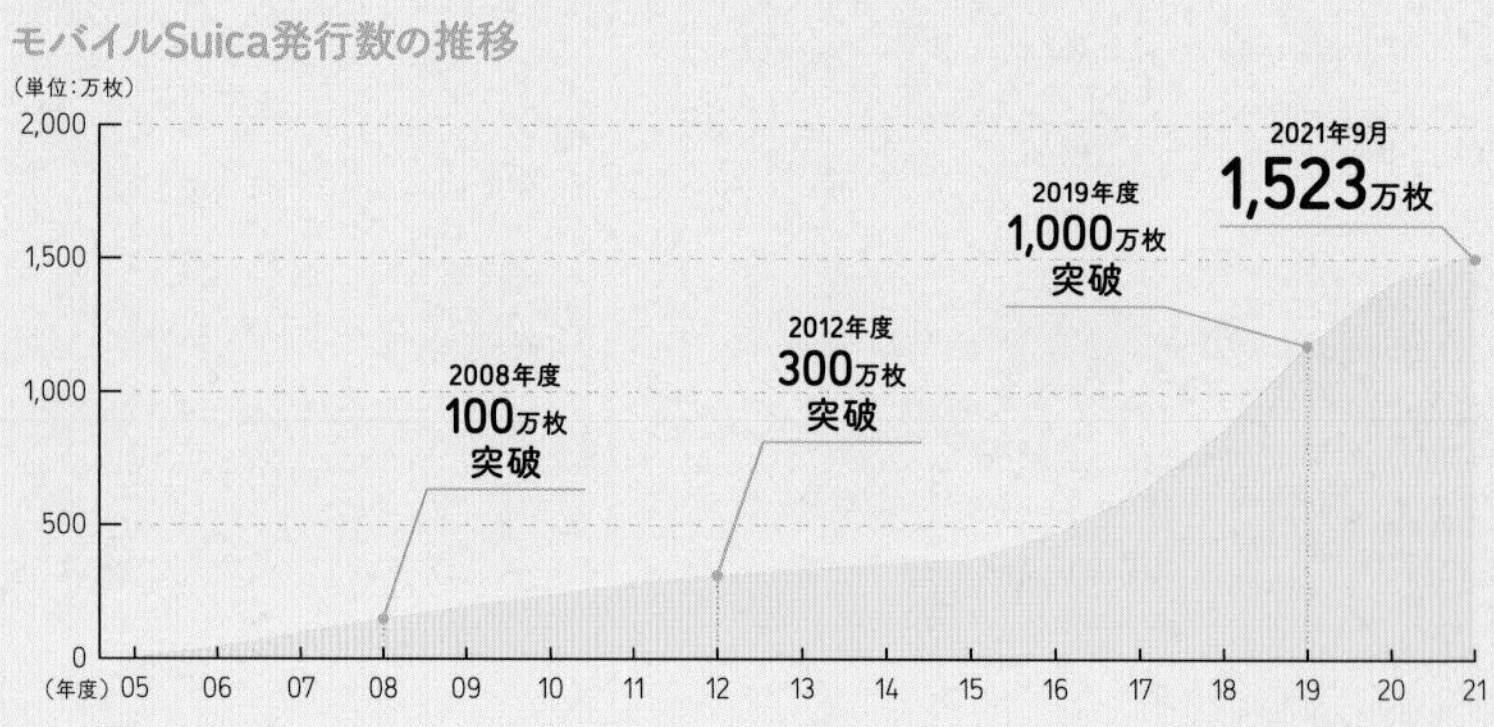

5 技術を共有することで相互利用が可能に

すでにご紹介したように、JR東日本が様々な鉄道事業者に技術提供した結果、全国各地に「FeliCa」を搭載した交通系ICカードが誕生しました。なお、地域によっては独自のICカードはあるものの、Suicaと相互利用ができていないエリアもあります。その理由の1つは、ICカードのシステムが「FeliCa」ではないことです。また、「FeliCa」は搭載していても、Suicaなどが採用するICチップ内のメモリー領域の規格（日本鉄道サイバネティクス協議会が定める『サイバネ規格』）を使用していない場合も相互利用することはできません。現在、相互利用できるのが10種類のみに限られているのはそのためです。

6 1枚でSuica機能と地域サービスの両方が使える!?

地域連携ICカードとは、地域のバス事業者が運行するバスの定期券や独自割引など、地域独自サービスの機能をカードの半分に搭載し、残りの部分にSuicaの機能を搭載したカードのことです。つまり、地域連携ICカードが1枚あれば、地域独自のサービスはもちろんのこと、Suicaとして全国相互利用対象エリアにおいて電車やバスの利用が可能。さらに、交通系ICカードが使える店であれば、日本全国どこでも電子マネーとして使うことができます。2021年3月21日から2県2種類でサービスがスタートし、現在は、関東・東北地方の5県9種類の地域連携ICカードが新たにサービスを開始しています。

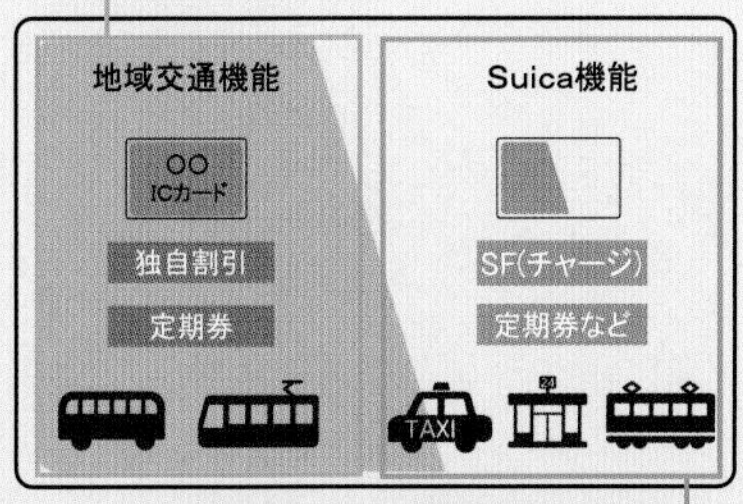

地域連携ICカードの利用イメージ

2001	11月18日	**首都圏エリア424駅でSuicaサービス開始** 1
2002	4月21日	東京モノレールとの相互利用開始
	12月1日	東京臨海高速鉄道（りんかい線）との相互利用開始
2003	7月1日	「ビュー・スイカ」カードサービス開始
	10月12日	Suica定期券による新幹線利用サービス開始
	10月26日	仙台エリアでのSuicaサービス開始
2004	3月22日	**Suica電子マネーサービス開始** 2
	8月1日	**「ICOCA」とのIC乗車券相互利用開始** 3
	10月16日	グリーン車Suicaシステム導入
2006	1月21日	新潟エリアでのSuicaサービス開始
	1月28日	**モバイルSuicaサービス開始** 4
2007	3月18日	「PASMO」との相互利用開始
	6月1日	Suicaポイントサービス開始
2008	3月18日	「ICOCA」との電子マネー相互利用開始
	3月29日	「TOICA」とのIC乗車券相互利用開始
2009	3月14日	「Kitaca」との相互利用開始
2010	3月13日	「SUGOCA」「nimoca」「はやかけん」との相互利用開始 「TOICA」との電子マネー相互利用開始
2011	7月23日	**スマートフォンでのモバイルSuicaサービス開始** 4
2013	3月23日	**交通系ICカード全国相互利用サービス開始** 5
2014	4月1日	IC運賃の導入
2016	10月25日	**Apple PayでのSuicaサービス開始** 4
2017	12月5日	SuicaポイントがJRE POINTへ共通化
2018	4月1日	「タッチでGo！新幹線」の開始
	5月24日	**Google PayでのSuicaサービス開始** 4
	8月1日	「Mizuho Suica」のサービス開始
2019	9月1日	訪日外国人旅行者向けSuicaのサービス開始 IC企画乗車券のサービス開始
	10月1日	Suicaの鉄道利用によるJRE POINT付与サービス開始
2020	3月14日	「新幹線ｅチケット」サービス開始
	5月21日	**ウェアラブルデバイスでのSuica利用開始** 4
	5月25日	**「楽天ペイ」アプリでのSuica機能提供開始** 4
2021	3月1日	Suicaでのリピートポイントサービス開始
	3月15日	Suica定期券でのオフピークポイントサービス開始
	3月21日	**「地域連携ICカード」サービス開始** 6

さらによりよいサービスの提供をめざして

２００１年11月18日に初の交通系ＩＣカードとして誕生して以来、
ＪＲ東日本では、Suicaの利便性をさらに高めようと、様々な改良を重ねてきました。
そんなSuicaの開発にかかわり、現在もなおSuicaのさらなる進歩に力を注がれている
ＪＲ東日本の髙石勝也さんと渡部泰治さんに開発秘話やこれからの展望などについて伺いました。

――Suicaを開発したきっかけについて教えてください。

髙石さん　印字式切符の時代は、改札で駅員が切符を確認し、専用のはさみで切符に切り込みを入れていました。その後、１９９０年に自動改札機が導入されたのを機に情報を磁気で読み書き可能な「磁気券」に変更。さらに、１９９１年、切符不要の前払い式カード「イオカード」が発売されたことで、切符からカードへの切り替わりもスタートしました。

　しかし、その一方で自動改札機が導入されたことにより、駅員に見せるだけでよかった定期券が、「パスケースから出して改札機に通し、それをしまう」といった手間がかかるものへと変わってしまったのです。だれもが便利に使えるシステムはないだろうか――。これがSuicaを生み出すきっかけになりました。

――開発するうえで難しかったことを教えてください。

髙石さん　一番難しかったのは、ＣＰＵとメモリーからなるＩＣチップを稼働させるために必要な電力の確保でした。カード内にバッテリーを入れたり、電池を組み込んだりしましたが、どちらも実用化には不向きで……。その後、「FeliCa（13ページ参照）」が誕生したことで、いまのSuicaの大きさ、厚さが実現しました。

　また、読み取り機の開発にも苦戦しました。電波法の制限から電磁波を飛ばせる範囲がわずか半径10㎝しか確保できなかったのです。この問題をクリアする手段として取り入れたのが〝タッチ＆ゴー〟（13ページ参照）です。読み取り機が手前に15度傾いているのも、自然にタッチしやすいようにと試行錯誤した結果です。

渡部さん　Suicaの開発は、私たちＪＲ東日本のプロジェクトチームと情報システム、駅務機器開発をそれぞれ専門にするＪＲ東日本のグループ会社2社が互いに協力し、進めていきました。とはいっても、そう簡単には進まず、開発と試験を3回繰り返しました。そして、大規模なモニター試験を経て、ようやくSuicaが誕生したのは２００１年11月18日のこと。気づけば14年の歳月が過ぎていました。

――システムトラブルや個人情報の扱いについてはどのような対策を取ったのですか？

渡部さん　履歴などの個人データー

JR東日本の交通系ICカード開発の経緯

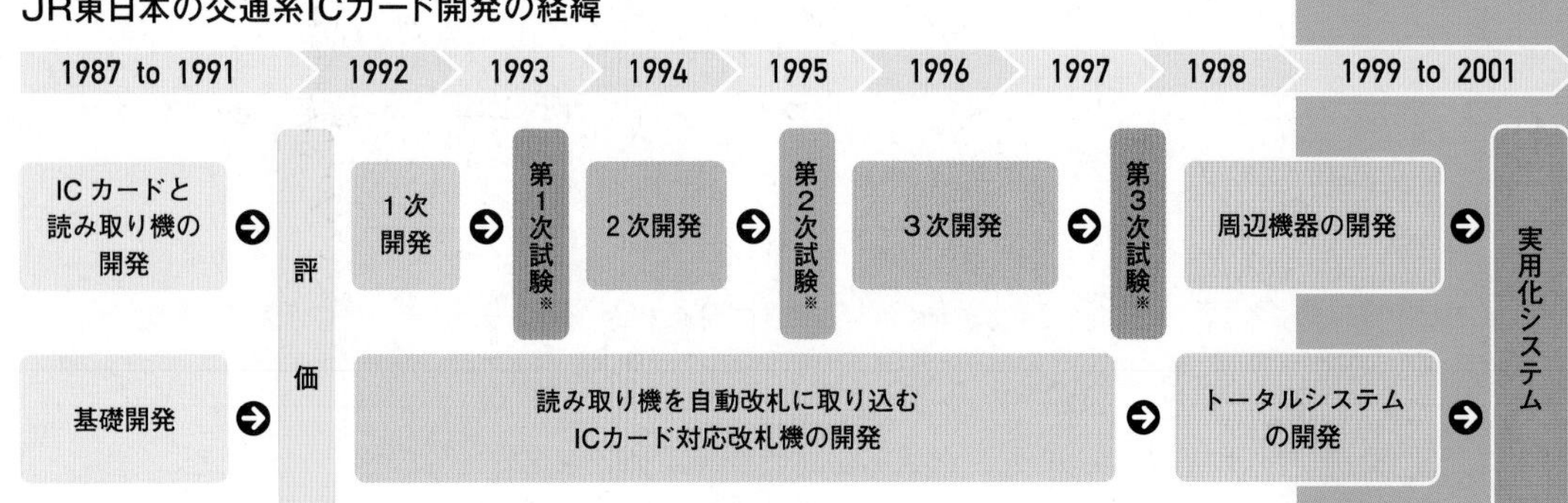

※第1次試験　8駅9コーナー／18通路／モニター数約400名／電池内蔵カードをかざす
※第2次試験　13駅14コーナー／30通路／モニター数約700名／電池内蔵カードをかざす
※第3次試験　12駅15コーナー／32通路／モニター数約800名／電池なしカードをタッチ＆ゴー

をSuica内のメモリーに記憶させるだけでなく、各駅に備えつけた「駅サーバー」を経由してすべてのデーターを蓄積する「センターサーバー」にデーターを集め、つねに新しい情報を管理することで不正利用を防止しています。また、センターサーバーがダウンしても駅サーバーだけで数日間稼働できるようにしたり、駅サーバーを独立させたりすることで、大規模なシステムトラブルを起こしにくいシステム構成も整えています。

髙石さん　ＩＣカードそのものについても、セキュリティー性能を確保するために、国際基準に則ったハイレベルなＩＣチップを搭載しました。そのかいあってか、いままで一度も不正カードは作られていません。このセキュリティー性能が評価され、Suicaの認証機能を応用した「Suica付学生証」や「Suica付社員証」、さらにはマンションの鍵としてもご利用いただいています。

――モバイルSuicaの発行数が急激に増えているようですね。

渡部さん　スマートフォンだけを持って行動する若い方々の生活スタイルにマッチしたようです。おかげさまで、Apple Payでのチャージ開始やGoogle Pay、楽天ペイとの連携など、サービスが充実するごとに利用者が増えています。

ただ、現時点ではアプリからのチャージやモバイルSuicaを定期券として使えるのは自分名義のクレジットカードを持つ方、すなわち18歳以上のみです。しかし、なかにはクレジットカードを登録したくない方、中高生で切符代わりにモバイルSuicaを使用したいという方もおられるので、現金でしかチャージできない無記名式のモバイルSuicaも用意しています。

――今後、Suicaはどのように変化していくのでしょうか？

渡部さん　技術面においても、時代に即した形で進化するとは思いますが、とくにサービス面での進化が急激に進むのではないでしょうか。というのも、ＪＲ東日本では、２０２７年までに、お客さまが24時間、移動や購入、決済などのあらゆるシーンでSuicaをご利用いただける環境を創出したいと考えているからです。簡単にいえば、Suicaがあれば生活に必要なことがすべてできる、そんな社会を作り出すということです。今後は、その実現をめざし、一歩ずつ着実に前に進んでいきたいと思います。

髙石さん　ＪＲ東日本エリアの全域でSuicaを使えるようにすることや、地域連携ＩＣカードのさらなる普及が進むと考えています。その結果としてSuicaが使える場所がさらに広がれば、おのずから２０２７年には目標とする社会が実現できるはずです。

――最後に読者に向けてのメッセージをお願いします。

渡部さん　Suicaにかかわる社員のなかには、機械系や電気系、通信系はもちろんのこと、駅員や運転士を経験した人もいます。つまり、社会人として問われるのは知識ではなく、「どうすればいいのか？」など、物事を追究する姿勢の有無なのです。部活動でも、学校行事でもかまいません。ぜひ、学生時代は目の前のことに真剣に取り組んでください。真剣に物事に取り組んだ経験はきっとみなさんの役に立つはずです。

髙石さん　働くうえで必要な技術や知識は、社会人になってからでも身につけることができます。ぜひ、学生時代には基礎的な知識はしっかりと身につけつつ、「なぜ？」「どうして？」と何事にも疑問が持てるよう、様々な経験を積んでください。そして、視野を広げるためにも、友人と過ごす時間も大切にしてほしいと思います。

マーケティング本部
戦略・プラットフォーム部門
システムユニット
マネージャー
（交通システム）
髙石 勝也さん

マーケティング本部
戦略・プラットフォーム部門
システムユニット
マネージャー
（次世代シンクラ改札システム）
渡部 泰治さん

公立高校WATCHING

東京都立 八王子東高等学校（共学校）

探究活動を中心に据え次世代を担う「確かな学力」を育てる

探究活動を主軸とした独自のカリキュラムをはじめ、台湾とカナダをフィールドにした国際教育、ICT教育の推進に取り組む学校です。

生徒の自主自立を促す独自のカリキュラムを展開

1976年に開校した東京都立八王子東高等学校（以下、八王子東）は、2001年に東京都教育委員会から最初の進学指導重点校として指定された4校（日比谷、西、戸山、八王子東）のうちの1校です。

「この変化の激しい時代をしなやかにたくましく生き、リーダーとなって社会に貢献できる人間を育てることが本校のミッションです」と語る宮本久也校長先生。

八王子東は創立当初より計画的な進学指導を主軸に、ハイレベルな教育を実践し続けています。「自ら学ぶ、自ら考える、自ら創る」を教育方針に掲げ、生徒の興味・関心を重んじる教育を展開。さらに2018年度より探究活動を教育課程に取り入れており、大きな特色となっています。

「本校では2019年度からカリキュラムを変更し、『探究基礎』『課題探究』『探究応用』『国語探究』『英語探究』などの科目を独自に設定し、3年間の体系的プログラムを構築しています。生徒1人ひとりが自ら課題を見つけ、知識を活用して論理的に分析し、解決策を導き出す力、そしてそれを他者に伝える表現力などを身につけてほしいと考えています」（宮本校長先生）

八王子東の探究活動は、探究A～Cの3段階で進められます。基礎的な「探究A」（高1前半）では学校オリジナルのテキストを用いて研究の進め方を学習します。

次に個人やグループで行う「探

所在地：東京都八王子市高倉町68-1
アクセス：JR八高線「北八王子駅」徒歩11分、JR中央線「八王子駅」「豊田駅」・京王線「京王八王子駅」バス
生徒数：男子492名、女子456名
TEL：042-644-6996
URL：https://www.metro.ed.jp/hachiojihigashi-h/

- 3学期制
- 週5日制（土曜授業年間20回）
- 月曜7時限、火曜～金曜50分6時限、土曜50分4時限
- 1学年8クラス
- 1クラス約40名

究B」（高1後半）では、大学や民間企業、研究所などと連携し、様々な課題の解決プランの提案をめざします。そして高2の「探究C」では、自分が探究したいテーマを深化させるために、少人数のゼミ形式で協議し、論文の執筆・発表までを行います。

大学や企業と連携した探究学習で深い学びへ

近年では、地元の八王子市や大学・企業のプロジェクトと連携した探究活動に意欲的に取り組んでいます。例えば民間の鉄道会社、市役所と連携した探究活動では、「八王子市に若者に住み続けてもらうために、なにをすればいいか」という課題について探究し、活動の最後には市へ政策提言を行っています。

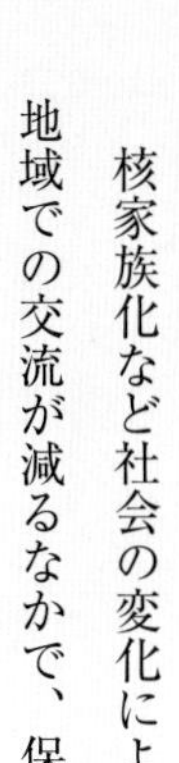

宮本 久也（みやもと ひさや） 校長先生

宮本校長先生は探究活動について、早いうちに本物に触れることの重要性を強調します。

「生徒がこれから生きる社会において、1人ひとりが輝けるためには、自分の興味や関心について考え、将来の目標をしっかりと見定めることが大切です。探究活動で大学の先生や企業、地域の方々といっしょに活動することによって様々な見方や考え方に触れ、深い学びへと誘われます。

継続的にご指導いただくなかで、ときには生徒が出したアイディアに対して厳しいご意見をいただくこともあります。我々教員は各教科の指導はできても、専門的な内容までは知りえません。このような幅広い探究活動の結果、生徒にとってはより深く学ぶことができる、いい経験となっています」（宮本校長先生）

核家族化など社会の変化により地域での交流が減るなかで、保護

［学校生活］①探究Aで研究の基礎を学び、②③探究Cでは少人数のゼミ形式で研究、発表まで行います。④台湾・高雄高級中学との交流をはじめとした国際教育を展開。

［行事］①実行委員が主体となり実施するしらかし祭、②一丸となって取り組む合唱祭。また部活動（③ブレイクダンス部、④吹奏楽部、⑤自然科学部、⑥男子ハンドボール部）も盛んです。

者や教員以外の大人と交流するきっかけにもなっています。このような探究活動は、八王子東でこその経験ともいえます。

また、八王子東では近年、タブレット端末を用いた授業を積極的に展開しています。コロナ禍の影響により生徒にタブレット端末を持たせる必要があると考え、速やかに導入した結果、探究活動はもちろん、教科授業でもタブレット端末は欠くことのできないツールとなっています。

探究活動で自らデータを収集し、文や図表を作成したり、プレゼンテーションのための資料を作成したりと、生徒のITC活用能力は確実に向上しています。

トロントを新フィールドへ 拡充し続ける国際教育

八王子東では、国際交流の場として2012年度より台湾・高雄高級中学との訪問交流を主軸に展開してきました。さらに2019年度からはカナダのオンタリオ州トロントでの海外フィールドワーク「カナディアン・スタディーズ」に取り組んでいます。

「カナダは建国までにフランスやイギリスによる統治を経るなど、複雑なバックグラウンドを持った多民族国家です。また日系企業が多く参入しており、都立高校では初めて交流を決定しました。このような背景から、生徒たちには現地との幅広い交流活動を通して多様性を学び、グローバルな視野を持ってほしいと考えています」（宮本校長先生）

コロナ禍により現地訪問ができない現在は、トロントとのオールイングリッシュでのオンライン交流や、在トロント日本総領事館や日系企業への質疑応答など、オンラインでの意欲的な交流を行っています。

「現地で交流し、しっかりと学ぶことはもちろんですが、これから訪問が再開されるまでに事前調査やオンラインで交流を重ねることも大切な学習です。また、ここで

※GE-NET20　東京都教育委員会が2022年度からの３年間、英語教育や国際交流などのグローバル人材育成に向けた取り組みを推進する都立20高校を指定。海外の学校などとの継続的な国際交流や海外大学進学、海外留学の促進、SDGsなどの国内外の課題解決に関する生徒の研究・発表の実施などを支援する

も探究活動で身につけた主体性や、ICT活用能力が活かされ、活発な活動につながっています」と話される宮本校長先生。

2022年度からは、※Global Education Network20指定校となり、これまで以上に英語教育や国際交流が充実していくことを通して、八王子東から海外へ羽ばたく生徒も生まれてくるでしょう。

確かな学力を培い 自ら課題に立ち向かう

探究活動に取り組み自主性を身につけた八王子東の生徒は、部活動や行事に対しても熱心です。

「勉強はもちろん、部活動も行事もすべて大切な教育活動です。生徒には、時間的な制約があるなかでも全力投球できるような人間になってほしいと願っています。現在、部活動への加入率は95％程度となっており、行事も実行委員が主体となって取り組んでいます」（宮本校長先生）

取材を実施した7月は、9月に開催される「しらかし祭」へ向けた準備の真っ最中でした。依然としてコロナ禍が続く状況で生徒たちは現在、「どのように開催を実現するか」という問いへ挑戦しているそうです。

「文化祭を中止にすることも、外部の人を入れないと決めることも簡単です。しかし大事なのは、この状況でどのように実現するかを考えることです。生徒には、自分たちでなんとか工夫しながらできることはないか、思考することこそが大切なことだと気づいてほしいと思います」（宮本校長先生）

時代に即したICT機器の導入や独自の探究活動、豊かなグローバル教育、積極的な文武両道の学生生活は、八王子東がめざす「確かな学力」を培うためにあります。一方で、この学力は大学受験に絞ったものではなく、生徒1人ひとりの人生を支える基礎体力だともいえます。

最後に宮本校長先生は「我々は大学進学を広くサポートしつつ、『自ら学ぶ、自ら考える、自ら創る』ことのできる生徒の育成をめざしています。またこの主体的な力は、自己実現のためのファーストステージとなる大学や、大学を卒業し社会で活躍できるための下地となるものだと考えます。

近年では本校の探究活動に興味を持ち入学を希望する生徒が増えています。夢や好奇心があり、自分の興味のある分野を探究してみたいという生徒を待っています」と話されました。

[施設] ①広々とした体育館、②落ち着いた環境で学習できる図書館

■2022年3月　大学合格実績抜粋（ ）内は既卒

国公立大学		私立大学	
大学名	合格者	大学名	合格者
北海道大	6（2）	早稲田大	42（16）
東北大	3（1）	慶應義塾大	30（15）
筑波大	5（1）	上智大	30（8）
東京大	6（5）	東京理科大	44（18）
東京外国語大	6（0）	青山学院大	45（10）
東京学芸大	10（0）	中央大	115（35）
東京工業大	7（4）	法政大	91（29）
東京農工大	15（3）	明治大	100（26）
お茶の水女子大	2（1）	立教大	33（11）
一橋大	4（1）	学習院大	11（2）
横浜国立大	6（1）	北里大	13（4）

写真提供：東京都立八王子東高等学校　※写真は過年度のものを含みます。

立教新座高等学校（りっきょうにいざ）

フェンシング部

初心者、経験者を問わず熱心に活動に取り組める

初心者でも始めやすく、１人ひとりが伸びのびと練習に取り組むことができる環境が整っている立教新座高等学校のフェンシング部。2021年のインターハイで優勝した先輩たちのように、大会で好成績を残せるように活動に励んでいます。

今回紹介してくれたのは

高3 木村 公祐（きむら こうすけ）さん
高3 冨田 紘永（とみた こうえい）さん
高2 橋本 雄偉（はしもと ゆうい）さん

School information〈男子校〉
所在地：埼玉県新座市北野1-2-25　アクセス：東武東上線「志木駅」・JR武蔵野線「新座駅」
スクールバス　TEL：048-471-2323　URL：https://niiza.rikkyo.ac.jp

「フルーレ」で基本を身につけ 3つの種目から好きなものを選択

２０２１年の東京オリンピックで、男子エペ団体が金メダルを獲得したことが記憶に新しいフェンシング。

立教新座高等学校（以下、立教新座）では、そのフェンシングに魅了された33人の中高生たちが、日々練習に励んでいます。

練習は週6日、体育館のサブアリーナで行われます。プロのフェンシングコーチが指導をしてくれたり、系列の立教大学の学生とともに練習ができたりと、充実した環境が整っているのが特徴です。

フェンシングには3つの種目が設けられています。

得点となる有効面が胴体のみの「フルーレ」は、先に腕を伸ばして剣先を相手に向けた方に「優先権」が生じ、両者同時に突いた場合は優先権を持っている選手にポイントが入ります。

立教新座で初めてフェンシングをする人は、攻防の入れ替わりが大きな特徴の「フルーレ」から取り組んでいきます。

「エペ」は全身すべてが有効面で、先に突いた方にポイントが入りま

エペ

全身が有効面というわかりやすいルールで、世界的にはエペの競技人口が多いといわれています。足裏までもが有効面になるそうです。

サーブル

ハンガリー騎兵隊の剣技から競技化した種目です。頭や両腕を含む上半身が有効面で、俊敏性も求められるといいます。

フルーレ

立教新座で一番初めに基本として習うというフルーレ。学生年代では競技人口が多く、インターハイではフルーレのみ団体戦があります。

す。両者同時に突いた場合は、双方にポイントが入り、スピーディーな展開が魅力です。

「サーブル」は上半身全部が有効面。「フルーレ」と同じく「優先権」があります。ただ、「フルーレ」「エペ」が突きだけなのに対し、サーブルには斬り（カット）の技が加わります。

立教新座では、「フルーレ」で基礎的なかまえや動きを身につけたあとは、どの種目を行うかは自分で好きに選ぶことができます。

初心者でも始めやすく伸びのびと練習を行える環境

入学してから初めてフェンシングに触れる生徒がほとんどという立教新座のフェンシング部。高3の木村公祐さん、冨田紘永さんはともに、立教新座中学校に入学してからフェンシングを始めました。

「スピードだけでなく、駆け引きや頭を使うことも必要なのがおもしろいところです」とフェンシングの魅力を話した木村さん。

「例えば、テニスやサッカーなどは小さいころから競技をしている人が多いですが、フェンシングはそれほど多くいません。競技スタートの時期がどの選手も大体同じなので、あの選手には絶対に勝てない、ということがあまりなく、努力した分だけ実力が伴います」と冨田さんは言います。

入部してからは基本的な体力作りからスタートします。その後は、オンガードという、フェンシングの基本的なかまえや、マルシェ（前に出る動き）、ロンペ（後ろに下がる動き）、ファント（跳んで突く動作）といったフェンシングの技術を習得していきます。

立教新座では、高校から競技を始める生徒もいます。

「筋力が中学のときから増え、できる技の範囲も多くなることで、試合の流れが激しくなる」（高2の橋本雄偉さん）ため、高校からの競技スタートだと大変なことが多そうですが「もともと筋力が備わっていれば、高校からのスタートでも上達が早い」と冨田さん。

そのため、高校からフェンシングを始めても、周囲との差を大きく感じることはなく、初心者でも始めやすい競技といえます。

さらに、立教新座では「先輩が気さくに話しかけてくれたり、指導したりしてくれて、上下関係はそんなに厳しくない」（橋本さん）こともあり、1人ひとりが伸びのびと練習に取り組むことができる雰囲気が作られているのも特徴です。

昨年はフルーレ団体でインターハイ制覇

そんな立教新座は競技レベルも全国トップクラス。毎年、数々の大会で結果を残しており、昨年の全国高等学校総合体育大会（インターハイ）の「学校対抗（フルーレ団体）」では見事、初優勝を飾りました。

偉業を成し遂げた先輩たちについて「練習から士気が高くて雰囲気もよく、努力をしていたので当然の結果だったのかなと思います」と話した冨田さん。

2021年のインターハイではフルーレ団体で栄冠をつかんだ立教新座。今年も同舞台に立ち、連覇に挑みます。

写真提供：立教新座高等学校　※写真は過年度のものも含みます

取材を行った6月には関東予選を突破し、今年のインターハイの出場権も獲得。今回お話を伺った木村さん、冨田さん、橋本さんは、フルーレ団体で出場し、連覇に挑みます。

「高校生にとって集大成といえるインターハイの雰囲気は独特でした。そのなかで昨年は優勝できて嬉しかったです。『次は私たちのチーム』という意識が強いので、今年も上位をめざしています」（橋本さん）

「昨年は先輩たちが頂点に立っているので、私たちもインターハイを制したいです」（木村さん）

このように大舞台で結果を残したいと、強い思いを抱いて大会に臨みます。

高い目標を達成するために、日々の練習はハードなことももちろんありますが、身についたこともたくさんあったと3人は話します。

「1つの目標に向かって集中して取り組めるようになり、勉強面でも役立っています」（木村さん）

「団体戦では負けて落ち込んでいたらチームに迷惑がかかってしまうので、メンタル面が強くなりました」（冨田さん）

「練習してきたことを試合で出せたときの達成感を味わうために、努力できるようになりました」（橋本さん）

このように、充実した環境で仲間たちと競技力を高めつつ、大会で結果を残すことを目標に切磋琢磨している立教新座のフェンシング部。インターハイのあとも国民体育大会やJOCジュニア・オリンピック・カップなど、様々な大会に出場して上位入賞をめざします。

勉強　先輩からのアドバイス　受験

高3 木村 公祐さん、冨田 紘永さん　高2 橋本 雄偉さん

Q 立教新座はどんな学校ですか。

橋本さん：にぎやかで明るい雰囲気の男子校です。

冨田さん：専門分野で講師としてテレビに出演されるなど、色々なところで活躍されている先生もいます。そんなすごい先生に教われるのも魅力です。

Q 立教新座にはどんな特徴がありますか。

冨田さん：私服での通学が可能だったり、必修科目のほかに80種類の自由選択科目から好きな科目を選べたりと、様々な面で自由度が高いのが特徴です。

Q 勉強と部活動の両立で工夫していることはありますか。

木村さん：部活動と勉強にあてる時間とを明確に区別するようにしています。1週間で部活動の時間はほぼ固定なので、そのほかの時間を勉強に費やせるように、スケジュールを作って工夫しています。

橋本さん：平日は部活動が終わってからだと勉強にあまり時間を割けないので、休み時間に勉強をするなど、空き時間を有効に使うようにしています。

Q おすすめの勉強法はありますか。

冨田さん：テキストを声に出しながら読むのがすごく効果的です。覚える事柄が多い、社会や理科といった科目の勉強で役立つ方法です。

Q 好きな行事や授業はありますか？

橋本さん：新型コロナウイルス感染症の影響で、高校ではまだできていないですが、中学のときは文化祭が楽しかったです。今年の開催はまだ未定ですが、実施できたら嬉しいです。

冨田さん：リーダーシップの授業がおもしろいです。例えば部活動だと、部長がリーダーシップを発揮してみんなを引っ張っていくというイメージが多いと思います。そうではなくて、リーダーシップとは各々の個性を出すこと、というのを学びました。新たな発見がたくさんありました。

Q 読者のみなさんへメッセージをお願いします。

冨田さん：立教新座は自由でとても楽しい学校です。視野も広がり、自分がしたいことに挑戦できます。

橋本さん：特色として運動施設が充実しています。私はなにかをやり抜くのは苦手な方だったのですが、周りの人たちもいっしょにやろうと支えてくれる雰囲気があるので頑張ることができます。部活動を思う存分に行えるので、本気で部活動をやりたい人にはぴったりの学校です。

seisoku.ed.jp
参加申込受付中
オープンスクール／学校説明会

SEISOKU

ここに、君が育ち、
伸びる高校生活がある。

130年を超える伝統と歴史

正則高等学校

東京都港区芝公園 3-1-36 TEL 03-3431-0913

生徒募集［2023年度］
共学・普通科 320名

※ お申し込みはwebで受け付けております。変更になる場合がございます。学校ホームページをご確認ください。

学校説明会 14:00開会

9月17日（土）
24日（土）
10月1日（土）
22日（土）
29日（土）
11月5日（土）
12日（土）
19日（土）
20日（日）
26日（土）
27日（日）
12月3日（土）
10日（土）
1月28日（土）

イブニング説明会 18:00開会

9月22日（木）
10月28日（金）

学院祭 10:00開会

※説明会も実施いたします。

10月9日（日）
10日（月）

Access
日比谷線 神谷町・三田線 御成門・浅草線 大門・大江戸線 大門 赤羽橋・南北線 六本木一丁目・JR 浜松町

E Global Project　F MoG　G 自動車部　H デジタルクリエイター育成部

工学院大学附属高等学校〈共学校〉

工学院大学八王子キャンパスに隣接するメリットを最大限に活かした包括的な高大連携を推進する工学院大学附属高等学校。最先端のICT教育をベースに、グローバル教育や理数教育にも力を入れています。

未知の世界への扉を開くリベラルアーツと数理情報工学との融合

「挑戦・創造・貢献」を校訓とする工学院大学附属高等学校（以下、工学院）。自ら考え失敗を恐れず挑戦し、新しい価値を創造できる人材の育成をめざす工学院の教育について、中野由章校長先生は次のように話されます。

「なにごともまずは挑戦することが大事だと思います。成功より失敗の方が多いかもしれません。ですが、人は失敗から学ぶときにこそ成長するものです。臆せずにどんどん挑んでほしいです。その結果、新しい価値が継続的に創造され、それが持続可能な社会貢献につながっていくのだと思います」

工学院では、2022年度より、これまでのコースを再編し、幅広くリベラルアーツを身につける「文理コース」、発展的な学びを進める「先進文理コース」、充実したグローバル教育を展開する「インターナショナルコース」の新3コース制が始動しました。

各コースとも1年次は文理共通のカリキュラムで学び、ICT機器を活用した探究学習をベースに幅広い教養を身につけていきます。2年次からは文系・理系に分かれ、探究学習の総まとめとして「探究論文」の制作に入ります。また、2年次の「先進文理コース」には医歯薬看獣理工をめざす理系スペシャリストを育成するための「スーパーサイエンスクラス」が設置されるなど、工学院ならではの理

Photo　A MakeRoom　B Fab スペース　C 文理コース授業の様子　D インターナショナルコースの授業の様子

写真提供：工学院大学附属高等学校　※写真は過年度のものを含みます。

数教育が展開されています。

「インターナショナルコース」では、授業の半分以上が英語イマージョンで行われており、英語を使って考え、コミュニケーションする力と多様な価値観を学ぶためのカリキュラムが用意されています。

さらに2021年4月には、日本の高等学校で初めてCambridge International Schoolに認定されています。これにより「インターナショナルコース」の生徒は、英米をはじめとする世界中の大学へ進学するための入学資格の取得が可能になりました。

工学院の最先端教育 K-STEAM

「K-STEAMとは、本校でしか学べない先進的な教育の総称で、その二本柱がICT教育とグローバル教育です」と中野校長先生。

工学院の授業は、PBL（課題解決型学習）、PIL（学習者同士による相互学習）といったプロジェクト型が中心で、生徒1人ひとりが所有するPCを活用した効率的かつ深い学びが展開されています。

また、FabスペースやMakeRoomと呼ばれる部屋には、3Dプリンターや高性能PCなど最新のICT機器が備えられ、総合的なデジタルのものづくり工房として多くの生徒に利用されています。

工学院では、英語を学ぶのではなく、英語でなにを学ぶのかを主眼にグローバル教育が行われています。その取り組みの1つが、「先進文理コース・文理コース」の全員が参加するGlobal Projectです。SDGsの観点からそれぞれの国や地域が直面する課題解決に挑むプロジェクトで、今年はオーストラリアや沖縄などで実施予定です。

もう1つが、「インターナショナルコース」の生徒を中心に希望者で実施されるMoG（Mission on the Ground）です。アジア新興諸国を訪れ、現地起業家の課題解決に挑む実践型プロジェクトで、生徒自ら課題を発見し、持続可能なビジネスプランを提案・実行サポートをしていきます。今年は12月にインドネシアで実施予定です。

また、工学院大学との連携も進んでいます。施設の利用はもちろん、研究室訪問や最先端ラボでの実験授業なども日常的に行われており、自動車部は大学のソーラーカーチームを指揮する先生から指導を受けて、大学生といっしょに活動するなど、専門的な学びに触れる機会が豊富に用意されています。さらに、東京薬科大学、電気通信大学、麻布大学など、幅広い大学との提携も進んでいます。

最後に、中野校長先生から受験生のみなさんへメッセージです。

「勉強は苦しいものでもつらいものでもなく、本当はワクワクする楽しいものです。本校には楽しく学ぶための充実した学習環境と未知の世界への扉がたくさんあります。本校で、ぜひその扉を開けてほしいと思います」

スクールインフォメーション

所在地：東京都八王子市中野町2647-2
アクセス：JR線ほか「八王子駅」「拝島駅」「新宿駅」、京王線「京王八王子駅」「南大沢駅」スクールバス
生徒数：男子856名、女子259名
TEL：042-628-4914
URL：https://www.js.kogakuin.ac.jp/

2022年3月　おもな合格実績

大学	人数	大学	人数
東京工業大	1名	早稲田大	4名
北海道大	2名	慶應義塾大	12名
東京医科歯科大	1名	上智大	12名
東京学芸大	1名	東京理科大	8名
千葉大	1名	G-MARCH	54名
東京都立大	4名	工学院大	71名

※既卒生含む

NISHOGAKUSHA HIGH SCHOOL

NISHO ISM

2022年3月卒
現役四年制大学
合格率
94.7%!

未来を見つめ、
自らを高めようとする人へ

最新の情報はホームページでご確認ください。

学校説明会【Web予約制】

入試説明・適性検査レクチャー・学校見学・個別相談・在校生スピーチ

9.3(土) 午前の部:9:30〜 午後の部:14:00〜	9.17(土) 午前の部:9:30〜 午後の部:14:00〜	10.8(土) 午前の部:9:30〜 午後の部:14:00〜
10.22(土) 午前の部:9:30〜 午後の部:14:00〜	11.5(土) 午前の部:9:30〜 午後の部:14:00〜	11.12(土) 午前の部:9:30〜 午後の部:14:00〜
11.19(土) 午前の部:9:30〜 午後の部:14:00〜	12.3(土) 午前の部:9:30〜 午後の部:14:00〜	[場所] 二松学舎大学中洲記念講堂 (本校向かい)

受験なんでも相談会【Web予約制】

本校の教員が個別に対応します

12.3(土)9:00〜15:00　場所:本校校舎

入試個別相談会【Web予約制】

推薦・併願優遇に関する相談会/一般入試問題解説会も同時開催

12.24(土)9:00〜15:00　場所:本校校舎

学校見学会【Web予約制】

学校説明・校舎および授業見学・在校生スピーチ
※日時はホームページでご確認ください。　場所:本校校舎

NISHOGAKUSHA HIGH SCHOOL
二松学舎大学附属高等学校

〒102-0074 東京都千代田区九段南2-1-32
TEL:(03)3261-9288　FAX:(03)3261-9280
都営新宿線・東西線・半蔵門線「九段下駅」徒歩6分
総武線・有楽町線・東西線・南北線・都営大江戸線「飯田橋駅」徒歩15分

https://www.nishogakusha-highschool.ac.jp/

知って得する
模試と偏差値

模擬試験を活用して合格への道を切りひらく

中学3年生は夏休みを過ぎると、毎月模擬試験（以下、模試）を受けることが「受験生の日常」になります。しかし模試は、ただ受けていればいいというわけではありません。うまく利用することで、既習の確認だけでなく成績の向上につながり、有効活用することで合格への道を切りひらくことができます。

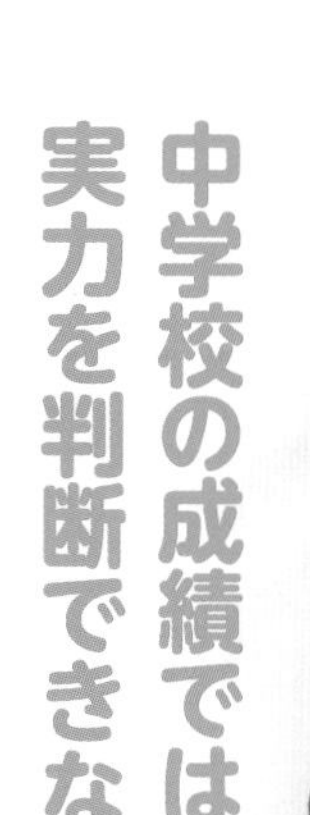

中学校の成績では実力を判断できない

公立中学校の成績は、昔は「相対評価」と呼ばれる方法で出されていました。ところが、現在、中学校の通知表の評定は「絶対評価」と呼ばれる方法で評価されるようになっています。

「絶対評価」では、その生徒の学習到達度を5段階で、1～5までの評定を出します。ほかの生徒とも比べる相対評価ではないので、比較という点で難があります。

以前の「相対評価」では「5」は上位7%と決まっていました。その枠が取り払われ

た「絶対評価」では、もっと多くの生徒たちが「5」を得る傾向があります。多くの公立中学校で、生徒の成績を高めに見積もってしまう傾向も見受けられます。

「5」ばかり多くすることもできるこの評価方法では、その生徒の成績（学力）が、高校を受験する同学年の生徒全体のなかで、どの位置にいるのかは、まったくわからなくなりました。

入試では、「何点以上なら合格」という「絶対評価」ではなく、「上位から何人まで」という「相対評価」で合格が決まります。募集定員という枠がある以上、これは当然のことです。これでは、通知表に5や4が多く並んでいるからと安心していたら、志望校に不合格、といった不測の事態が起きてしまいます。

「オール5」だからといっても安心できません。東京都立高校のある進学指導重点校では、受験生のほぼ全員が、中学校では「オール5」の成績です。

模擬試験は相対評価
高校受験も相対評価

「模試」で使われている評価方法は、公立中学校が行っている「絶対評価」ではなく「相対評価」です。

同じ生徒の評価を、中学校の通知表の評定と模試の相対評価で比べてみると、学校の成績ほどはよくないことがほとんどです。中学校の通知表（絶対評価）で「オール5」の生徒も、模試で扱う主要5教科では、オール5はありえないそうです。

ですから高校受験生全体での自分の学力位置を知りたかったら、また、志望校に対する自らの学力を判断し入試までの学力目標を決めたかったら、模試を受けるしかないということです。

高校受験では、早稲田アカデミーの「学校別オープン模試」をはじめ、「Wもぎ」「Vもぎ」「北辰テスト」「都立もぎ」など、合格判定の材料としても模試は幅広く利用されています。

2学期になれば、1回の模試に2万人以上が挑みます。模試を受けると、得点とともに試験で測られた学力を偏差値として算出した成績表を、後日受け取ることができます。また、試験の正答率も公表されますので、自分の弱点もわかります。

さらに、算出した偏差値をもとにして志望校への合格可能性も示してくれます。

さて、模試の返却で示された偏差値を見

オール5でも受験生全体における自分の学力位置はわからないんじゃ

知って得する

模試と偏差値

るときの注意点があります。多くの出版社が、「高校受験案内」「高校進学情報」などのガイドブックを発刊していますが、その多くは高校の学力偏差値を合格基準として掲載しています。公立高校受験の場合に評価の一部となる内申点については、受験生自身が増減して計算しなければならないのです。「内申点が高い場合／低い場合」を記したガイドブックもありますが、このことにはとくに注意が必要です。

公開の模試を受け 受験本番の予行演習を

秋から12月にかけて多くの模試が行われます。

これには、大きな会場を使用した「会場テスト」「集団テスト」と呼ばれるものや、「オープン模試」のように通っている塾で受けられるものもあります。

これらの模試を利用することによって、多くの同学年の受験生のなかでの自分の実力、位置を把握することができます。

大きな会場で行われる模試では、見知らぬ受験生と机を並べての受験となり、入試本番と変わらぬ雰囲気のなかでの予行演習ともなります。

予行演習なのですから、ここで失敗があったとしても、それを糧に本番までに取り戻せばよいのです。ただ予行演習だからといって気を抜かず、本番に臨む気持ちで模試会場に向かう心がまえも大切です。

模試の返却資料で、偏差値を目安にして示される「合格可能性」は、少しからめに出てくるものです。もし、可能性が低めに示されたとしても、がっかりしたり、簡単に諦めたりするのではなく、塾の先生ともよく相談して、最後まで挑戦しようとする気持ちを失わないようにしましょう。

受けるごとに偏差値が 上下するのは当たり前

「模試で出た偏差値に合わせた学校を受けるから、1度受ければ十分なのでは」という質問を受けることがあります。前項で述べたように、模試の結果をふまえながら実力をアップさせていくことができるのですから、1度ではもったいないと考えましょう。

さらに重要なことは、1度の模試では本当の実力は測れないということです。

模試の結果で示される偏差値はどうしても上下します。ですから、何回か受けて、その平均偏差値を自分の実力と考えた方が間違いがないのです。

志望校の合格を大きな目標到達点とするならば、模試は1つの区切り、自分を振り返るいい機会であり、次への飛躍の材料にもなります。

模試の結果を励みにしたり、反省材料をもとに軌道修正していくことで、受験に向けた日ごろの学習にも好影響を与えるのです。

模試で1度や2度いい成績を取ったからといって、強気の受験をすると失敗につながります。逆に、模試でうまくいかなかったからといって、すぐに諦めてしまうのもよくありません。そもそも、毎回の試験結果によって、志望校を二転三転させるのは好ましくないばかりか、志望校選びの本質を取り違えています。

さて、次ページから偏差値について解説していきます。

志望校が浮かんだときに模試の結果を上手に活用し、その学校へ入れる学力があるかどうか、あとどのくらい頑張ればいいのかを測りましょう。それをスタート地点に、目標とする偏差値を得られるまで努力するというのが、模試＋偏差値の賢い使い方です。

知っておきたい偏差値の仕組みと特徴

次に模試と表裏一体をなす「偏差値」の仕組みと特徴をお話しします。入試に向けて偏差値はどう活用していけばよいのでしょうか。偏差値は活用法を知っていれば「学校選び」と「得点力アップ」の強い味方になります。

偏差値で知ることができる自分の学力位置はどのあたり

これからの時期には志望校や併願校の「最終決定」が待っています。

その作業のポイントとなるのが「偏差値」です。偏差値は自分の学力が、同じ高校を志望する集団のなかでどのあたりにあるかを判断するために有効な材料です。

前項の模試についてでもお話ししましたが、模試を受けたあと、2週間ほどすると受け取ることができる資料には、あなたの偏差値が記されています。

また、これとは別に各高校に与えられる偏差値一覧も「○○県内高校偏差値表」などといった形で手に入れることができます。自分の偏差値と志望校の偏差値、両方を見比べながら、最終的な学校選びをしていくことになります。そのあたりのことをふまえながら偏差値とどうつきあっていったらよいのかを考えてみます。

さて、偏差値とは、いったいどのようなものなのでしょうか。

偏差値は統計学から生まれた数値です。正しい知識を持ち、その本質を理解して、うまく利用すれば、偏差値は受験生の強い味方になってくれるものです。

偏差値はどのように計算されるのでしょうか。まず、偏差値の仕組みについてお話しします。

そもそも、試験の点数、100点満点のうちの50点などという素点（試験における得点）ではなく、偏差値を成績の指標として用いるのはなぜだと思いますか。

例えば、「100点満点のテストで70点はいい成績か」と聞かれたとき、どう答えたらいいでしょうか。じつは単純には答えられません。「そのテストの平均点」がわからなければ答えようがないからです。

点数が同じ70点だとしても、平均点が30点の試験ならば比較的いい成績といえるでしょうが、平均点が80点だとしたら、あまりよくない成績となってしまいます。

また、同じ70点を取ったとしても、例えばほかの受験者の得点が0点から60点までの間に集中していて、70点以上はほとんどいないとなると、70点は非常に優秀な成績といえます。

一方、70点以上の受験者が多くいる場合には、同じ70点でも優秀とはいえないこと

知って得する

模試と偏差値

偏差値の仕組み

模試でみると

国語 60点

平均点は 50点

理科 60点

受験者全体でみると

(人)

国語

理科

平均点

0 20 50 60 80(点)

なるほど

偏差値で自分の学力位置がわかるのじゃ

になります。

平均点がわかっただけでは学力位置はわからない

では、平均点を基準にすれば、「いい成績かどうか」が判断できるのでしょうか。

例えば、Aさんが、国語と理科で同じ60点を取りました。国語と理科の平均点が、これも同じ50点だったとします。この国語と理科では、どちらがいい成績だと思えますか。

「同じ成績だ」と感じた読者の方もおられるかもしれません。しかし、これも受験者の得点の分布によって違いがあるのです。理科の得点は上の100点から下の方まで広く分布していての平均50点。国語の得点は平均点の50点付近に、みんながまとまっていたとしたらどうでしょう【上図】。

つまり、同じ平均50点でも、理科の60点は少しいい程度、国語の60点はいい成績だといえるでしょう。

これらのことから、試験の点数(素点)や平均点からだけでは、その得点がいいのかどうかは判断できないというわけです。

それを補うために考え出されたのが偏差値です。

一定数以上の大きな母集団がある場合に、偏差値の考え方が有効になります。とくに受験の世界では、受験者全体のなかでの自分の位置づけをみるのに有効な指標と認識されるようになっています。

偏差値は学力を相対的に評価する数値で、個人の学力位置を知る手段です。

偏差値の算出方法をごく簡単に説明すると、偏差値は、その試験を受けた受験生全体の「平均」からの「離れ」を表し、個人のその試験における成績が、全体の平均からどのくらい高い方、低い方に離れているかを示す数値なのです。

つまり、その試験を受けた受験者全体のなかで、自分がどの学力位置にいるのかを知ることができるのが、「偏差値」です。

75~25の50段階で表される偏差値

偏差値は、ある模試を受けた集団の中心を50とおき、それより上位の得点を51、52、53……、下位の成績を49、48、47……と表していきます。そうすると偏差値は75~25という50段階の数値の幅のなかに受験者の結果が含まれるようになります。

ある科目の偏差値が60であれば、75~25という50段階の数値の幅のなかにあるのが偏差値なのですから、その成績は最上位からおよそ16%の位置、つまり100人中16位くらいの順位であり、偏差値が55であれば、最上位からおよそ31%の位置にいることがわかります。これを次に箇条書きにしてみます。

知って得する

模試と偏差値

偏差値	
75	…最上位から1％の位置にいる
70	…最上位から2％の位置にいる
65	…最上位から7％の位置にいる
60	…最上位から16％の位置にいる
55	…最上位から31％の位置にいる
50（テスト平均点）	…ちょうど真ん中の位置にいる
45	…最下位から31％の位置にいる
40	…最下位から16％の位置にいる
35	…最下位から7％の位置にいる
30	…最下位から2％の位置にいる
25	…最下位から1％の位置にいる

この数字はおおざっぱに計算したもので、しかも得点分布が正規分布していることを前提としていますが、偏差値によって得点だけからはみえにくい、全体の受験者のなかでの、自分の学力位置を知ることができます。

ただ、偏差値は、あくまでも「特定の母集団のなかでの位置づけ」をみるための指標ですから、1つの試験での自分の偏差値、偏差値表、合格ラインといった数値は、基本的には、「そのとき受けた模試のなか」だけでの数値という意味しか持ちません。それがそのまま、入試での結果にはならないのです。偏差値に大きな影響を与えるのは、母集団、すなわち受験者全体のレベルです。ですから、ひと口に偏差値といっても、模試機関によって大きな差があります。

「ある模試では偏差値が60だったのに、別の模試では50だった」などは、じつは当然のことなのです。これは、その模試を受ける母集団によって、偏差値が大きく違ってくることが原因です。

このため母集団が多くて受験者の顔ぶれがあまり変わらないような模試を、毎回受けることが大切です。そうしてみて初めて、偏差値が上がった（または下がった）という推移に意味が見出せます。

いつも同じ顔ぶれの受験者たちが、おおむね同じ人数（なるべく多人数）受けている模試を1カ月に1度、定期的に受けたとするなら、偏差値の変動は、その受験生のその母集団のなかでの学力位置の変動に連動していると考えていいでしょう。

それでも各模試機関の性格もあって、各回の模試ごとの母集団には、どうしても違いが生じます。

偏差値の推移をみるには、母集団の数がそろってくる秋以降、同じ機関が催す模試を複数回受験し、その「平均偏差値」を得ることが必要です。

実際の入試でどの程度実力が発揮できるかは、当日の体調によっても違います。入試における偏差値は「模試の平均偏差値」に比べて±3の揺れ幅があるといわれます。偏差値は上下に3ずつもの幅で動く可能性があるということです。ですから、入試当日にこれまでにない成績を出しての逆転勝利も、また、思わぬ敗退も実際に起こりえることなのです。

模試を
うまく活用して
受験に備えよう!!

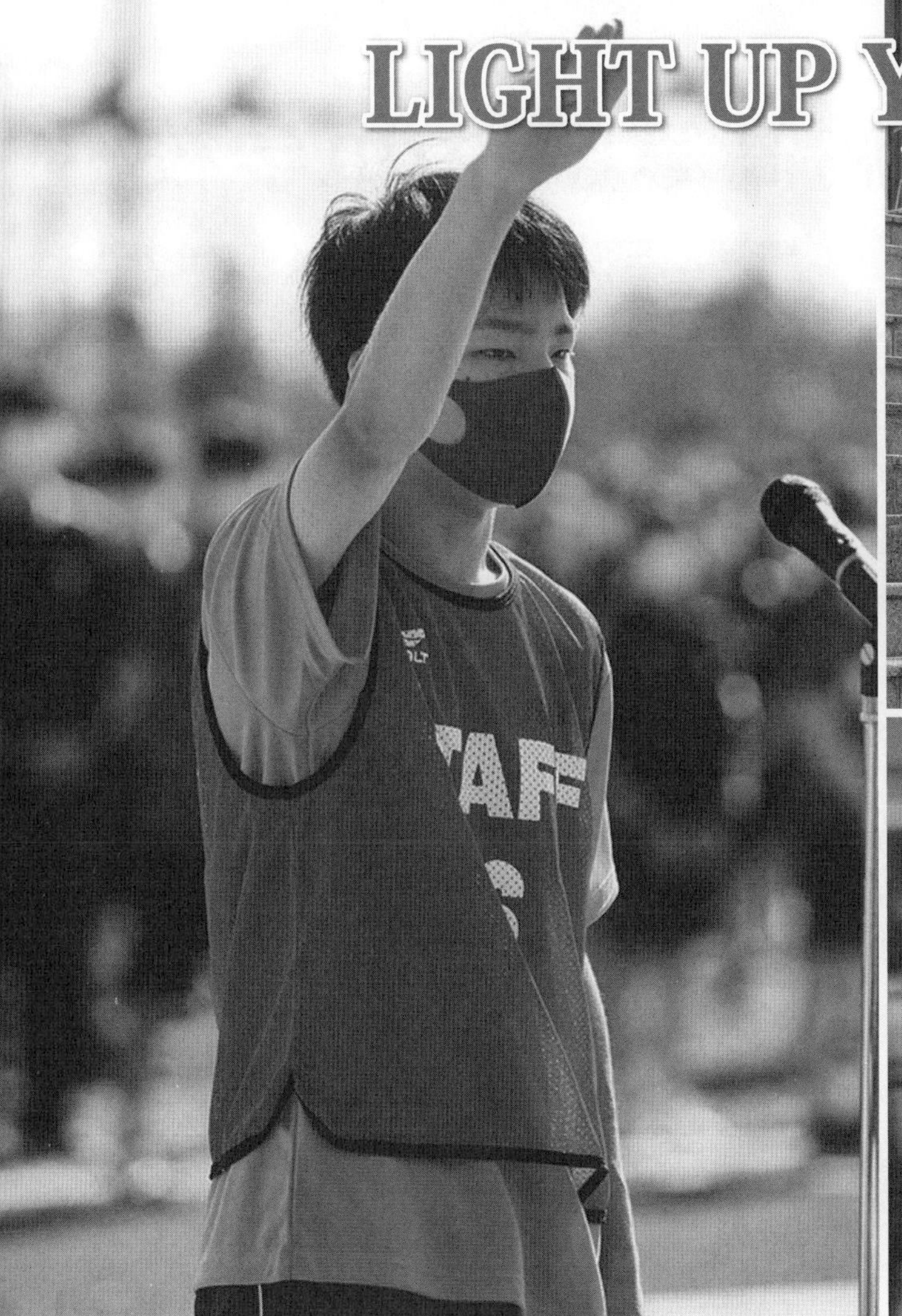

駒込高等学校

340年変わらぬ教育理念 —— 一隅を照らす人間教育

理系先進コース

理系先進コースでは、世界の理数教育の主流である「STEM 教育」を基盤に、到来するＡＩ時代に即した「考える」授業を展開し、数学と理科の専門的な力を伸ばしていきます。
将来は難関国公立・私大の理系学部への進学を目指します。

国際教養コース

東京外国語大学・国際教養大学・国際基督教大学・早慶上智をはじめとする難関・有名大の国際教養・国際関係・外国語学部への進学を目標にしたコースです。また、海外の大学進学を志す生徒にも対応できるコースでもあります。

S（特S）コース

東京大学や京都大学といった最難関国公立大学に加え、国際教養・理系先進コースの生徒たちが志すどちらの進路にも、Sコースの生徒たちはチャレンジすることができます。高２からの３つの専科コース、そして志望大学の難易度に合わせた多くの対策演習で生徒をバックアップします。

学校説明会

「校内説明会」「オンライン説明会」ともにHPよりお申し込みください。

10月 8日（土）14:30～
3つのコースの卒業生体験談

11月 5日（土）14:30～
受験生必見！過去問解説

12月 3日（土）14:30～
入試直前対策

※新型コロナウイルス感染症に関わる状況を踏まえ、今後、延期または中止とする場合があります。
※各回「密」をさけるために人数制限をします。予めご了承ください。

〒113-0022 東京都文京区千駄木5-6-25

駒込学園 検索

Tel 03-3828-4141 Fax 03-3822-6833 https://www.komagome.ed.jp

■東京メトロ南北線「本駒込」駅下車 徒歩5分・東京メトロ千代田線「千駄木」駅下車 徒歩7分
■都営三田線「白山」駅下車 徒歩7分 ■都営バス（草63）「駒込千駄木町」（駒込学園前）下車

Challenge × Creation × Contribution

2022年
新3コース制
スタート
しました

先進文理コース・文理コース・インターナショナルコース

■ 説明会・行事

日時	行事	日時	行事
9月3日㈯ 14:00	授業・部活動体験会	9月17日㈯ 14:00	第2回学校説明会
9月24日㈯・25日㈰	夢工祭・個別相談	10月22日㈯ 14:00	第3回学校説明会
11月27日㈰ 10:00	第4回学校説明会	12月3日㈯ 14:00	第5回学校説明会

全て予約制となっています。公式webサイトよりご予約下さい。

■ ICT教育
生徒一人一人が BYOD で PC を所持し、プロジェクト中心の授業を展開しています。3D プリンタや高機能 PC を設置した「MakeRoom」「Fab スペース」もあり、クリエイティブな活動が行えます。

■ グローバル教育
3か月留学、夏期短期研修、グローバルプロジェクト、MoGなど多彩な海外研修をラインナップ。国際的な私立学校連盟の「Round Square」にも加盟しており、世界中の学校と積極的に交流を行っています。

■ 高大連携教育
工学院大学八王子キャンパスに隣接しており、施設の供用や大学の先生による授業など、さまざまな形で大学との連携を行っています。東京薬科大学、電気通信大学など他大学との連携も広がっています。

■ 高大接続型入試
工学院大学には本校生徒を対象とした高大接続型入試があります。この入試で工学院大学に合格後に他の大学をチャレンジすることも可能です。また本校生徒を対象とした指定校制度もあります。

■ 部活動
運動系：14、文化系：9 といろいろなジャンルの部活動があり、積極的に活動しています。柔道部はインターハイの出場を決めました。自動車部やデジタルクリエイター育成部など工学院独自の部もあります。

スクールバス：八王子駅・京王八王子駅・南大沢駅・拝島駅・新宿駅西口

工学院大学附属高等学校
SENIOR HIGH SCHOOL OF KOGAKUIN UNIVERSITY

〒192-8622　東京都八王子市中野町 2647-2
Tel：042-628-4914　Fax：042-623-1376
E-mail：nyushi@js.kogakuin.ac.jp

トビラ

にとっても「知って得する首都圏を中心とした受験情報」を集めています。今月号には来年度入試に関するニュースのほか、各高校から発信された、本誌との「タイアップ記事」も多く寄せられています。

2024年度公立高校入試制度が変更に 共通選抜での全員への面接は廃止

神奈川県教育委員会は、現在の中２が受検する2024年度の公立高校入試から、入試制度の一部変更を決めた。

最も大きな変更は面接について。来春入試まで全日制の「共通選抜」では、全員が受ける「共通検査」で学力検査と面接を実施するが、2024年度入試からは一律に面接を課すことはなくなり、各校の特色検査のなかで採用する学校のみが面接を実施する。

神奈川県公立高校入試の共通選抜とは、いわゆる一般入試のことで、ほかには定時制・通信制の入試である「定通分割選抜」がある。

共通選抜では選考段階で、定員の90％を第１次選考で決め、残りの10％を第２次選抜で決定する。

来年度まで「内申点（調査書点）」＋「学力検査」＋「面接」を評価して合否を決める第１次選考は、2024年度からは「内申点」＋「学力検査」のみでの評価になる。

第２次選考は、来年度までは「内申点（調査書点）」を加味せずに「学力検査」と「面接」で合否が決定するが、2024年度からは「学力検査」と「各校での特色検査」にプラスして、第３学年時の内申各教科の「主体的に学習に取り組む態度」の評価を加味して選考されることになった。

現在、「内申点」「学力検査」「面接」などの配点は各校に任されているが、いずれにしても2024年度入試以降は、学力検査、内申点ともに配点比率が上がることは間違いなく、とくに内申点の重要性が増すことになる。

受験生のための明日への

受験生にとって、入試に関する最新情報に敏感になることは非常に大切なことです。ここからのページでは「明日へのトビラ」をコーナー名として、受験生に寄り添った情報をお届けします。また、保護者

NEWS

千葉　2023年度公立高校入試の学校設定検査で「思考力を問う問題」の採用校が3校に

千葉県教育委員会が2023年度入試における学力検査の実施教科と出題方針等について公表した。そのなかでは昨年、県立千葉のみが採用して話題となった、学校設定検査のうちの、その他の検査で「思考力を問う問題」を出題する学校が3校に増えることが明らかとなった。3校とは県立千葉、東葛飾、千葉東（いずれも普通科）。

思考力を問う問題は、国語・数学・英語の3教科で構成され60分、配点は100点満点。

出題方針は、基礎的・基本的な知識と技能を十分に活用して、様々な事柄を関連づけ、より正確に理解する力と、より深く思考する力を重視する。

国語「文章を筋道立てて細部まで読み取る力と、そのことについて他者に正しく明確な表現で伝える力をみることができるようにする」。

数学「数学的に問題をとらえ、論理的に考察する力、統合的・発展的に考察する力及び表現する力をみることができるようにする」。

英語「英語のコミュニケーションについて、発信されている内容を正しく理解し、論理的、批判的に思考し、判断する力、表現する力をみることができるようにする」と、それぞれなっている。

今春、実施された県立千葉での配点は、学力検査500点＋内申135点×0.5＋思考力を問う問題100点＝667.5点満点だった。

あの学校の魅力伝えます
スクペディア No. 82

安田学園高等学校

東京都　墨田区　共学校

所在地：東京都墨田区横網2-2-25　生徒数：男子842名、女子584名　TEL：03-3624-2666　URL：https://www.yasuda.ed.jp/
アクセス：都営大江戸線「両国駅」徒歩3分、JR総武線「両国駅」徒歩6分、都営浅草線「蔵前駅」徒歩10分

目標は「自学創造」の実現

来年、創立100周年を迎える安田学園高等学校（以下、安田学園）。「国内外の社会で有用となる人材の育成」を教育目的とし、「自ら考え学び、創造的学力・人間力を身につけ、グローバル社会に貢献する」ことを意味する「自学創造」を教育目標に掲げる伝統校です。高校3年間の学校生活を通じて創造的学力と人間力の育成をめざす安田学園の教育は、様々な工夫に満ちています。

2ステージ制による学校完結型の学習環境

安田学園では、高1から志望大学を見据えた3つのコースを設定。最難関国立大学をめざす「S特コース」、難関国公立大学・早慶上理をめざす「特進コース」、G-MARCH・中堅私立大学をめざす「進学コース」に分かれて学びます。

3つのコースは高2で文理別に、そして高3では大学受験を意識した「国公立型(文系)」「国公立型(理系)」「私立型（文系）」「私立型（理系）」に分かれ、多数の選択科目から希望進路に沿った授業を選ぶことで、現役合格をめざします。

学習指導では、自ら考え学ぶ授業のもと、成長段階に合わせた2ステージ制を採用。学力はもちろん、思考力・表現力も自然と培われます。

高1〜高2の2学期までは、「学び力伸長システム」で学ぶ楽しさや自分に合う学習方法を見つけ、自ら考え学ぶ力である自学力を育成します。チェックテストや到達度テストで生徒の理解度をつねに確認し、必要な場合は放課後補習を行うなど手厚いサポートが魅力です。定期試験前の「独習ウィーク」や学期末後の「独習デー」も自学自習を促します。

高2の3学期〜高3は「進学力伸長システム」で自学力をいしずえに大学受験に対応できる現役進学力を育みます。放課後には、大学入試演習を主とした「放課後進学講座」を設けて希望進路に合わせた指導を実施。高2・高3の進学合宿、高3向けの大学入試共通テスト模試演習講座や入試直前演習講座など、入試を見据えた教育を行います。

そのほか、人間力を育む独自の人間力教育や、探究プログラム、国際交流プログラムなど、「自学創造」の実現をめざす教育内容がそろう安田学園。来年度からは制服もリニューアル予定で、着こなしの幅も広くより都会的なデザインとなる新制服にも注目が集まっています。

あの学校の魅力伝えます
スクペディア No.83

成立学園高等学校

東京都　北区　共学校

所在地：東京都北区東十条6-9-13　生徒数：男子751名、女子573名　TEL：03-3902-5494　URL：https://www.seiritsu.ac.jp/
アクセス：JR埼京線ほか「赤羽駅」・JR京浜東北線「東十条駅」徒歩8分、地下鉄南北線・埼玉高速鉄道「赤羽岩淵駅」徒歩14分

「突破力」の獲得をめざす

成立学園高等学校（以下、成立学園）は、きめ細かな学習支援と充実した学習環境が魅力の学校です。3年間で進学目標達成のための「見える学力」として知識を習得しながら、その先の将来も学び続けるために必要な「見えない学力」として幅広い教養を高め、発信力も養えます。

「見える学力」の向上を支えているのが「2コース+5クラス制」です。高1では、応用力を養成する「スーパー特選コース」と、基礎学力の育成に注力する「特進コース」を設置し、生徒の強みを引き出します。

高2からはコース制ではなく、英語力や論理的思考力を育む「探究クラス」、キャリアデザインに重点をおいたカリキュラムを展開する「難関クラス」、苦手分野の克服をめざし、得意分野をさらに伸ばす「選抜クラス」、総合的な学力を涵養する「特進総合クラス」、スポーツでの活躍をめざす「アスリートクラス」の5つで、学力を磨いていきます。

全コース・クラスに共通するのが、様々な取り組みで学力向上をあと押しする「成立メソッド」です。校内完結型の学習支援センター「STSC（Seiritz school Tomas Study Center）」や、学習習慣の定着を図る「繰り返し主義」、予備校の授業が受けられる「SGネット」などで、生徒のやる気が着実に成果へと結びつくようサポートします。

見えない学力を養成するユニークな体験学習

「見えない学力」を伸ばすために行われているのが、学校内外で様々な「本物」に触れる「アース・プロジェクト」です。例えば高1の「水田学習」では、農作業体験を通して「食」や農業に携わる人々への理解を深めます。また、収穫したコメは赤飯にして卒業生・新入生にふるまわれ、校内で人とのつながりを実感するきっかけにもなっています。

ほかにも、180カ国で購読されている月刊誌「ナショナルジオグラフィック」の日本版の記事から課題を見つけ、調査・分析を行い、成果を発表する「ナショジオ学習」を展開。取り組みを通じてグローバルな視点を育み、自己表現力や問題解決力を養成します。

成立学園がめざしているのは、正解のない時代を生き抜くための「突破力」の獲得です。「見える学力」「見えない学力」が両輪となり、生徒の将来の飛躍を支えます。

お役立ちアドバイス！

数学は得意なはずなのに、なぜか図形に関する問題だけが苦手で、これからなにか対策をしたいと考えている方へ

図形に慣れ親しみ、問題を解く糸口を見つけることができるようになるために、ノートに図を描く練習をしてみましょう。

Advice

ときどき数学は嫌いではないのに、図形問題だけは苦手だという人がいるようです。図形に慣れ親しむために多くの問題を解いてみるのもいいのですが、ここでは対策として、ノートの活用方法について紹介したいと思います。

当然のことですが、図形問題では問題の内容を示す図が出てきます。また文章をもとに自分で図を描く必要がある問題もあります。苦手意識がある人は、どちらの場合でも、ノートに自分で図を描いてみるようにしましょう。初めは定規やコンパスを用いて、なるべく正確に描くようにしてください。次に、フリーハンドで描く練習をします。方眼ノートを使うと、定規やコンパスを用いなくても図が描きやすくなると思います。

テストや入試のときには、定規やコンパスを使って描く余裕がなかったり、使用が許されていなかったりすることもあります。この練習である程度正確に図を描けるようになってから、さらに補助線を引いたり、図の向きを色々変えてみたりすることによって、問題を解くための糸口が見つかりやすくなるでしょう。

この練習を繰り返して図形に慣れたうえで、徐々に問題が解けるようになっていけば、苦手意識も薄れてくるはずです。

知って得する

保護者へのアドバイス

中1のわが子がなかなか家庭での学習計画を立てることができず、受験生になったときに困るのではと考えている保護者の方へ

初めはお子さんといっしょに学習計画を考え、アドバイスしながら自分で簡単な計画を立てて取り組んでみるよう促してみましょう。

Advice

中1の場合、まだ小学生気分が抜けきっておらず、なかなかうまく学習計画を立てることができないこともあるでしょう。しかし、日々の学習はお子さん自らが主体的に取り組んでこそ、学力の涵養(かんよう)につながります。近い将来受験生になったときにも、計画を立てる力は大切な能力です。

そこで、まずお子さんといっしょに学習計画を考えるようにして、ある程度の習慣がついたら自分で計画を立てるよう促してみましょう。

このときに大切なのは、どのように計画を立てるのかを具体的にアドバイスしてあげることです。学習の中身についてではなく、計画を立てる目的と意味、どのような計画を立てると効果的なのかについて説明してあげるとよいでしょう。最初は自分に合った学習計画を立てられず、うまく進めることができないときもあるでしょうが、自分で計画させ、自ら取り組ませてみることが大事です。それがやがて自立した学習につながります。

また学習計画といっても、初めのうちは「国語と数学を各〇分、英語を〇分やる」といった具体的なプランは不要です。詳細な計画にするほど計画倒れしやすくなってしまいます。最初は「今日、勉強しようと思うこと」を紙にいくつか書き並べられれば、それも立派な学習計画といえるでしょう。

高い基礎学力と母語の運用能力を身につけ、英語と第二外国語を用いて自らの思考を表現し、問題解決能力を養う

神田女学園高等学校（かんだじょがくえん）

女子校

神田女学園高等学校では、社会に出た際にアドバンテージとなる第二外国語の習得も可能なカリキュラムを編成しています。英語と第二外国語を習得することにより、多様な価値観に触れ、現代社会の諸問題を発見、解決していく力を養います。さらに、大学や社会とのかかわりのなかで、探究していく力も身につけられる革新的な女子校です。生徒たちは主体的な学校生活を送り、大きく成長していきます。

〒101-0064　東京都千代田区神田猿楽町2-3-6
tel.03-6383-3751　fax.03-3233-1890　https://www.kandajogakuen.ed.jp/

「水道橋駅」徒歩５分（JR総武線／都営三田線）「神保町駅」徒歩５分（地下鉄半蔵門線／都営三田線・新宿線）
「御茶ノ水駅」徒歩10分（JR中央線／地下鉄丸ノ内線）「新御茶ノ水駅」徒歩12分（地下鉄千代田線）
「九段下駅」徒歩12分（地下鉄東西線）「後楽園駅」徒歩12分（地下鉄丸ノ内線・南北線）

多様な価値観を深く理解する「多言語教育」

芦澤康宏（あしざわやすひろ）校長先生

神田女学園高等学校（以下、神田女学園）では、多言語教育として母語＋英語＋第二外国語の三ヵ国語を学んでいます。「各言語の背景には多様な価値観があります。様々な言語を学習し、多種多様な人々の考え方の違いや個性を深く理解することで、すでにグローバル化している現代社会でよりよく生きる力を身につけることができるのです。しかし、様々な言語が話せるだけでは足りません。これからは色々な言語でコミュニケーションを取り、ディスカッションをし、自ら考えたことを伝える力が求められています。そのために必要なのは母語の運用能力です。神田女学園ではネイティブとバイリンガル教員が20名以上いるという教育環境のもと、言語運用能力とコミュニケーション能力、多様化に対する理解力を高めています」と語るのは学校長の芦澤康宏先生です。第二外国語は韓国語・中国語・フランス語・日本語（帰国生対象）の中から1言語を選びます。高度教養コースのLA（ランゲージアーツ）クラスでは、さらにもう1言語を選択します。

生徒主体の行事で充実した学校生活を創り上げる

神田女学園では、コミュニケーションが取りやすい女子教育校という特性を活かして、生徒自らが学校生活に主体的にかかわり、意欲的に行動することができる環境を整えています。生徒会が中心となり、生徒にとって一番よい教育環境とはどのようなものかを、生徒自身が考え、創り上げていきます。生徒からの提案で、これまで学校生活の多くのことが改善されてきました。文化祭・体育祭・合唱祭をはじめとする様々な学校行事も、生徒の主導で企画・開催されています。このような環境により、一人ひとりが充実した学校生活を送ることができるのです。

探究学習を高大教育連携でさらに深める

神田女学園では8年前から「NCL Project（ニコルプロジェクト）」という探究学習が行われています。NCLはそれぞれ自然（Nature）・文化（Culture）・生命（Life）の頭文字で、社会のあらゆる課題のなかから自ら考えた疑問や今ある課題を見つけ、仮説をベースにグループや個人で調べ、成果物（レポートなど）を作成する協働探究型の学習スタイルです。生徒一人ひとりが探究テーマを設定するため、その学問分野は多岐にわたります。テーマは年度ごとに設定しますが、生徒によっては3年間同じテーマで探究を進めるため、成果物は非常に高いレベルのものになります。

このニコルプロジェクトに、高大教育連携協定を結んだおよそ30校の大学が協力をしています。大学でしか学ぶことができない知識や視点に触れる機会が多く設けられており、生徒は現代社会の諸問題を発見し、解決していく力を十分に養うことができるでしょう。

■学校説明会・公開行事

※要予約（文化祭は予約不要）

9月23日（金・祝） 9月24日（土）	9:00～	姫竹祭（文化祭）
10月 1日（土）	14:00～	教育内容説明会
10月 8日（土）	14:00～	教育内容説明会
10月22日（土）	14:00～	教育内容説明会
11月 6日（日）	10:00～	教育内容説明会
11月19日（土）	10:00～	授業見学会
11月26日（土）	14:00～	教育内容説明会
12月 3日（土）	10:00～	個別相談会
12月17日（土）	14:00～	出題傾向解説会
1月15日（日）	10:00～	出題傾向解説会

校内予備校「プロジェクト叡智（えいち）」

麗澤（れいたく）高等学校［共学校］

「恩に報いることのできる人間」を育成するという創立者の思いが脈々と受け継がれている麗澤高等学校。高2からは、生徒の夢を実現させるための特別進学指導体制も始まります。

［入試説明会］要予約

第1回　10月16日㊐14:30～16:00
第2回　10月23日㊐10:00～11:30
第3回　11月20日㊐14:30～16:00

※各回とも説明会終了後、希望者対象に施設見学、個別説明、寮見学・寮説明会があります。日時や内容は変更の可能性がありますので、学校HPをご確認ください。

School Information

Address：千葉県柏市光ヶ丘2-1-1
TEL：04-7173-3700
URL：https://www.hs.reitaku.jp/
Access：JR常磐線「南柏」バス5分

充実した校内課外講座で学力も教養も高める

麗澤高等学校（以下、麗澤）は、生徒の主体性を大事にしつつ、一人ひとりの可能性を最大限に伸ばすための独自の取り組みを行っています。その1つが、麗澤校内で開講される各種「プロジェクト叡智」講座です。

「プロジェクト叡智」は、高3・3月の国立大学2次試験当日まで開講される校内予備校です。高1段階からイベントや特別講座、高2では英語スタートアップ講座も実施しつつ、受験体制を本格始動。計画的、戦略的スケジュールで進められます。国公立大・私立大の文系理系すべてのコースに対応するカリキュラムが年間を通して設定されており、生徒は各々の進路目標にあった講座を効率よく選択することが可能です。

プロジェクト叡智

放課後に校内で実施しているため、生徒の移動時間も短縮され、夜8時まで講座があるので、部活動後に校内に完備された食堂で夕食をとってから、講座を受講する生徒も少なくありません。この講座の特徴は、生徒一人ひとりの学習状況に合わせたきめ細かな個別対応です。麗澤が厳選した外部講師と麗澤教員約25名がチームを作り、入試直前まで個別も含め対応していきます。

麗澤出身のチューター（現役大学生）も20名ほどいて、通常カリキュラムとは別に、英単語特訓や数学演習など、チューターそれぞれの経験を活かしたイベントを自主的に開講し、受験に向かう後輩受験生たちのモチベーションを高めています。

また、クラスごとのオリジナル授業動画を作成・配信するなど、ICTもうまく活用しています。

高1から始まるキャリア・進路支援プログラム

麗澤は3年間を通してコース制を導入しています。高1は、高入生のみで編成する「叡智スーパー特進コース」と「叡智特選コース」、高2・高3は、一貫生と混成の「叡智TK（国立強化）コース」、「叡智SK（私立国公立強化）コース」の2コースに分かれます。

また、「自分（ゆめ）プロジェクト」という3年間を通じたキャリア・進学支援プログラムも整備されています。高1は、1年間で高2からのコース選択や科目選択を決めなければならないため、特に初期指導には力を入れています。「自分再発見」をテーマに、OB・OGによる職業別講演会への参加や職業研究などで学びへのモチベーションを高め、そして、三者面談や担任との面談を重ねて、自分の進むべき進路を見つけていきます。

建学の精神を脈々と受け継ぎ、心の力を育みながら、日本人として国際社会に貢献できる、次世代のリーダーを育成している麗澤高等学校です。

職業別講演会

昭和学院秀英高等学校（しょうわがくいんしゅうえい）

千葉　共学校

問題

次のAとBの会話が成立するように、次の日本語を表す英文を（　　）内の語を必ず使用して、記述用解答用紙〔1〕～〔2〕に書きなさい。ただし、（　　）内の語が動詞の場合は必要に応じて変化させるものとする。

〔1〕A：What an elegant castle it is!　The people who built it must have worked hard!

B：それを建てるのに20年かかったんだ。(it, them)

〔2〕A：Didn't you break your watch yesterday?

B：あの店で直してもらった。(I, repair)

解答　〔1〕It took them twenty years to build it. [It took twenty years for them to build it.]　〔2〕I had [got] it repaired at that [the] shop.

●千葉県千葉市美浜区若葉 1 - 2
●043-272-2481
●JR京葉線「海浜幕張駅」徒歩10分、JR総武線「幕張駅」・京成千葉線「京成幕張駅」徒歩15分
●https://www.showa-shuei.ed.jp/

【学校説明会】要予約
10月22日（土）14：00～

レッツトライ！ 入試問題

淑徳与野高等学校

（しゅくとくよの）

埼玉　女子校

1

問　誤りのある文を３つ選び、記号で答えなさい。

ア　I told him doing his homework as soon as possible.

イ　What do you call these fish in English?

ウ　My sister looked at herself in the mirror on the wall.

エ　Do you know when Suzan will come back? — Maybe she'll be back in an hour.

オ　My brother has been to London on December 9 last year.

カ　The boy is the fastest runner of all my classmates.

キ　What did you cook dinner last night?

ク　The woman who lives next door has three cats.

ケ　It's time you cleaned your room.

コ　These video games were bought for my brother.

2

選択肢の語（句）を並べかえて会話が成り立つようにするとき、①～④に入るものを選び、記号で答えなさい。ただし、文頭にくるものも小文字になっている。

問1

A：What does this word mean, Dad?

B：Don't be lazy, Chris. You should always (　　)(　①　)(　　) you (　　)(　　)(　②　)(　　).

ア don't　イ a dictionary　ウ words　エ know　オ look　カ in　キ up

問2

A：Excuse me, (　　)(　③　)(　　)(　　)(　　)(　④　)(　　) this restaurant?

B：We start at eight on weekends.

ア breakfast　イ time　ウ do　エ serve　オ in　カ you　キ what

解答　1 ア・オ・キ　2 問1 ①キ②カ　問2 ③イ④ア

●埼玉県さいたま市中央区上落合5-19-18
●048-840-1035
●JR埼京線「北与野駅」、JR京浜東北線・宇都宮線・高崎線「さいたま新都心駅」徒歩7分、JR京浜東北線ほか「大宮駅」徒歩15分
●https://www.shukutoku.yono.saitama.jp/

【個別説明会】要予約
10月22日（土）9：30～13：00
11月19日（土）9：30～13：00
12月3日（土）9：30～13：00

新しい自分に出逢える学校

国学院（こくがくいん）高等学校

国学院大学の歴史と伝統を受け継いだ真面目で穏やかな校風を持つ国学院高等学校。
勉強、クラブ活動、学校行事に全力で取り組める全方向性を持った学校です。

大規模校だからこそ必要な「親身の指導」

１９４８年の開校以来、併設中学校のない高校単独校として、バランスのとれた全人教育に取り組む国学院高等学校（以下、国学院）。学校周辺の明治神宮外苑エリアでは、スポーツや文化施設など、東京の新しい魅力を発信するための再開発が進んでいます。

国学院は、１学年約６００名の生徒が在籍する都内でも有数の大規模校で、青山という立地のよさもあり、毎年多くの受験生を集める人気校でもあります。高校入学時には、特進コースや選抜コースといったコース区分がないため、新入生全員が横にフラットな状態で高校生活をスタートすることができるのも、国学院の魅力の１つです。

「本校は生徒数が多いので、『親身の指導』をとても大切にしています。各教員が積極的に生徒とコミュニケーションを取ることが伝統となっていて、なかでも、年３回実施する面談週間では、各担任が生徒一人ひとりに寄り添い、時間をかけて様々な話をします。

また、本校はなにかに偏ることのない全方向性を持った学校なので、高校３年間で色々なことにチャレンジできます。学力だけではなく、社会で必要とされる力を身につけることができ、自分の新たな可能性をきっと見つけることができるはずです」と話されるのは入試広報部部長の谷崎美穂先生です。

真面目で穏やかな校風

付属校＆進学校の実力

国学院大学の付属校でありながら、都内でも屈指の進学校である点も魅力の１つです。

高校３年間の学習内容を見てみると、１年生は基礎学力と学習習慣をつけることを目的としたカリキュラムが中心で、２年生から文系・理系に分かれて大学受験を意識した授業に入ります。そして2年生は秋に実施する文化祭を境に本格的な受験モードに入り、3年生では学校推薦も含め、各々の進路目標の達成に向けた準備に取りかかります。

「大学受験に関しては、外部講師による長期休暇中の講習や3年生の勉強合宿など、様々な学習機会を用意しています。一方、日々の生活のなかで最も大切にしている点は、授業への準備や取り組み方など、当たり前のことを、泥臭く、コツコツと取り組むよう指導していることです。小テストへの取り組みや課題提出についても、細かいことですが、徹底して指導しています」（谷崎先生）

国学院では、毎年、2割弱の生徒が無試験推薦で国学院大学へ進学していますが、その他8割強の生徒は、国公立大学をはじめとした難関大学へ果敢にチャレンジしています。2022年度大学入試でも高い合格実績を残しており、国公立大学・早慶上理105名、G-MARCH485名の生徒が現役で合格しています。

今年度から国内体験学習と海外語学研修を再開予定

多くの大学が英語民間試験の結果を入試に利用する傾向が高まっていることをふまえて、英検への取り組みにも力を入れています。

1、2年生は年3回、3年生は年1回の英検受験を全員必修にしており、長期休暇中には英検講習を実施しています。外部講師による年5回（1、2年生は3回必修）の英検講習を通して、生徒全員の英語力の底上げを図りながら、高校卒業までに英検2級の取得をめざします。

また、コロナ禍で中止していた海外語学研修は、12月のオーストラリア語学研修から再開する予定です。「先日、高1、高2の参加希望者を募ったのですが、想像以上にたくさんの応募があり、その期待の大きさに驚いています」（谷崎先生）

国内で実施する宿泊型の体験学習も12月から再開する予定です。国学院の伝統ある行事でもある「スキー教室」、歴史や文化、防災など自らテーマを決めて探究する「東北研修」、出雲を訪れて本格的なフィールドワークから日本文化を学ぶ「歴史教室」、歴史、文化、サイエンスの3つのテーマに分かれて仲間とともに探究する「京都研修」、国内研修の再開を機に、今回初めて企画した「沖縄研修」の5つの宿泊型イベントを実施する予定で、少しずつ通常の学校行事が再開されていきます。「1学年に約600人の同級生がいますので、それぞれの個性も様々です。飾ることなく、そのままの自分でいられるはずです。学校行事も多く、部活動も運動部・文化部と豊富にありますので、自分の居場所を見つけて、高校3年間を思いっきり楽しむことのできる学校です」（谷崎先生）

■国学院高等学校（共学校）
所在地　東京都渋谷区神宮前2-2-3
TEL　03-3403-2331
https://www.kokugakuin.ed.jp/

＜アクセス＞
地下鉄銀座線「外苑前駅」徒歩5分
地下鉄大江戸線「国立競技場駅」徒歩12分
JR線「信濃町駅」「千駄ヶ谷駅」徒歩13分

■学校説明会
10月22日（土）
11月 5日（土）
11月26日（土）
12月 3日（土）
※詳細はHPをご確認ください。

HōYū-GAKUIN
HIGH SHCOOL

朋優学院高等学校

2022年度より新コース設置
高校単独校としてさらなる高みへ

附属中学校を持たない高校単独校として、独自の進化・発展を遂げてきた朋優学院高等学校。生徒の学力レベルが上昇していることを受けて、2022年度から新しいコース編成がスタートしました。

最難関大学をめざすコースを新設

「自立と共生」を教育理念に掲げ、主体性と協調性を併せ持つ人材を育成する朋優学院高等学校（以下、朋優学院）。この理念について佐藤裕行校長先生は「近年はとくに『自立』に重きをおいています。本校は私立の一貫校とは違い、公立中学校からの進学者が多く、もともとその中学校で優秀な成績を収めていた生徒がほとんどです。そうした生徒たちが、卒業後は未来をけん引する人材となるために必要な自主性を養っていきます」と話されます。

そんな朋優学院は、在籍する生徒のレベルや社会情勢に合わせて変革を続けてきました。2001年の共学化をはじめ、2010年には国公立大学の現役合格をめざす「国公立コース」を新設。着実に進学実績を伸ばし、2022年度からはさらに高い目標を据えた「国公立TGコース」をスタートさせました。

「これまでは、高1で『国公立コース』と『特進コース』の2つに分かれ、高2進級時に改めて選び直したうえで文系・理系に細分化する形をとっていました。しかし、生徒の学力水準が上がるにつれて『国公立コース』在籍者の比率が高まり、学校全体を引っ張っていくという意味でも、東京大学や京都大学をめざす最上位コースを設置しようと考えました」と佐藤校長先生。

3年間で効率的に目標達成をかなえる

これらのコースのうちどこに属するかは、入試結果によって振り分けられます。なお「国公立TGコース」のみ5教科入試が課されます（ほか2コースは3教科入試）。今後、「国公立TGコース」対象の海外研修や社会人講演を新たに実施することも検討されており、高い学力とモチベーションを活かして、さらなる飛躍

1年次	国公立TG・国公立・特進 共通カリキュラム コース選択

目標 2・3年次	東大・京大	旧帝大・国公立大・早慶	早慶上理／GMARCH	上理／GMARCH
	国公立TG 文系・理系	国公立 文系・理系	特進文系	特進数理

をめざせる環境を整えていきます。

　このように高1からコースを分ける意図を佐藤校長先生は「早いうちから大学進学を意識してほしいという狙いがあります。ただ、高校受験の時点で自分がどんな大学を志望するか、ということまで絞るのは難しいでしょう。

　そのため、高1で学期ごとに進路ガイダンスを行い、個人面談も5回以上実施するなど手厚い進路指導を行ったうえで、全員がコースを選び直せる形にしています」と説明されます。

　高2進級時に改めて行うコース選択では、生徒の希望だけでなく成績も考慮されるため、高1での学習への取り組みも重要です。高1で自らの適性を見極めつつ学力を高め、高2でコースが決定してからは目標進路の達成に向けて集中できる、効率的なコース編成になっています。

伝統に縛られず社会に合わせて変化

　朋優学院が進化させてきたのは学力面だけではありません。学校行事や校則も時代に合わせて柔軟に変えてきました。学校行事や部活動の取り組み方も徐々に生徒主体のスタイルへと変更しており、そうした活動のなかで「自立」を促しています。

　「かつて禁止されていた、文化祭での調理を伴う出しものや物販も現在はできるようになりました（※）。その結果、『どうすれば魅力的に見えるのか』『どうしたらもっと売れるのか』と生徒は工夫を凝らしてくれています。

　部活動は土日を含んで週4日までの活動に限定しており、文『部』両道しやすい環境となっています。そのため全校生徒の約80%が加入しています」（佐藤校長先生）

　加えて、生徒指導においては「ルールだから」と一律で禁止するのではなく「なぜやってはいけないのか」を考えさせることを重視しているといいます。社会通念に合わせてルール自体もつねにアップデートし続け、卒業後も活躍するために必要な素地を養っているのです。

　最後に、佐藤校長先生から読者のみなさんにメッセージをいただきました。

　「受験生のみなさんには、志望校を選ぶ際に偏差値だけを重視せず、自分に合っている学校かどうかをよく考えてほしいと思います。本校は、自立した学校生活を送りたい生徒さんにぴったりの学校です。与えられた自由をしっかりと活かして充実した3年間を過ごしたい、という意思を持った方に入学してもらえたら嬉しいです」

※2020年度、2021年度は新型コロナウイルス感染症の影響で一般公開なし

Event Schedule

オープンスクール
10月29日(土)　11月19日(土)

オンライン説明会特設ページ

説明会はオンラインで実施しており、個人情報の入力・予約なしで、いつでも好きな場面を視聴できます。実際に朋優学院を見たい受験生は時間制・完全予約制のオープンスクール（見学会）をご利用下さい。

日時・内容は変更の可能性があります。学校HPでご確認ください。

School Data

住　所：東京都品川区西大井6-1-23
ＴＥＬ：03-3784-2131
アクセス：JR横須賀線・湘南新宿ライン「西大井駅」徒歩10分ほか
ＵＲＬ：https://www.ho-yu.ed.jp/

【タイアップ記事】

細やかなコース設定に基づく「徹底面倒見」の英語教育

富士見丘高等学校【女子校】

（ふじみがおか）

School Information				
	所在地	東京都渋谷区笹塚3-19-9	TEL	03-3376-1481
	アクセス	京王線「笹塚駅」徒歩５分	URL	https://www.fujimigaoka.ac.jp/

富士見丘高等学校は、「国際性豊かな若き淑女」を育成するために、多彩な国際交流プログラムや、慶應義塾大学をはじめとする大学と連携した探究学習など、様々な取り組みを実践している学校です。そのなかから、英語教育について詳しくご紹介します。

手厚い指導によって飛躍する大学合格実績

2019年までスーパーグローバルハイスクール（SGH）の指定を、2020年度からワールドワイドラーニング（WWL）コンソーシアム構築支援事業拠点校の指定を受ける富士見丘高等学校（以下、富士見丘）は、SGH指定期間中に開発し、その後も継続する数々の取り組みや、WWL指定校として導入した新たなプログラムなどを通して、国際社会で活躍できる力を育んでいます。なかでも定評があるのが、細やかなコース設定で「徹底面倒見」の方針を貫く英語教育です。

「あるコースのみ手厚く英語の指導を行う学校もありますが、本校はグローバルコース（一般）も、アドバンストコース（英語特進）も、それぞれが学習歴と習熟度に応じて4技能を存分に伸ばせる環境を整えています。だれに対しても徹底的にフォローの手を差し伸べるのが本校の英語教育です」と話すのは英語科の町田寛末先生です。

このような丁寧な指導により、例年多くの生徒が難関大学に合格しており【表1】、なかには海外の有名大学に進学する生徒もいるといいます。その要因について佐藤一成副教頭先生は、「SGHやWWLの取り組みのなかで培ってきたノウハウが活きていると感じます。SGH指定前から英語教育に力を入れ、色々な国際交流プログラムを用意してきましたが、指定を受けたことで学校全体が1つにまとまり、より高みをめざすようになってきました。

生徒も積極的に様々なことにチャレンジしていて、英語検定上位級取得者も増加の一途をたどっています【表2】。その実績を活用して多数の生徒が総合型選抜で大学合格を果たしているのも特色で、学校推薦型選抜での進学を含めると割合は卒業生全体の7割におよんでいます」と話されます。

【表１】2020～22年大学入試合格実績（卒業生計266名より抜粋）

大学	合格者数
東京外国語大学	５名（１名）
東京芸術大学	１名
筑波大学	１名（１名）
早稲田大学	18名（７名）
慶應義塾大学	２名
上智大学	29名（19名）
国際基督教大学	５名（３名）
学習院大学	11名（４名）
明治大学	７名
青山学院大学	19名（15名）
立教大学	35名（６名）
中央大学	26名（10名）
法政大学	21名（６名）

（　）内は学校推薦型・総合型選抜合格

【表２】

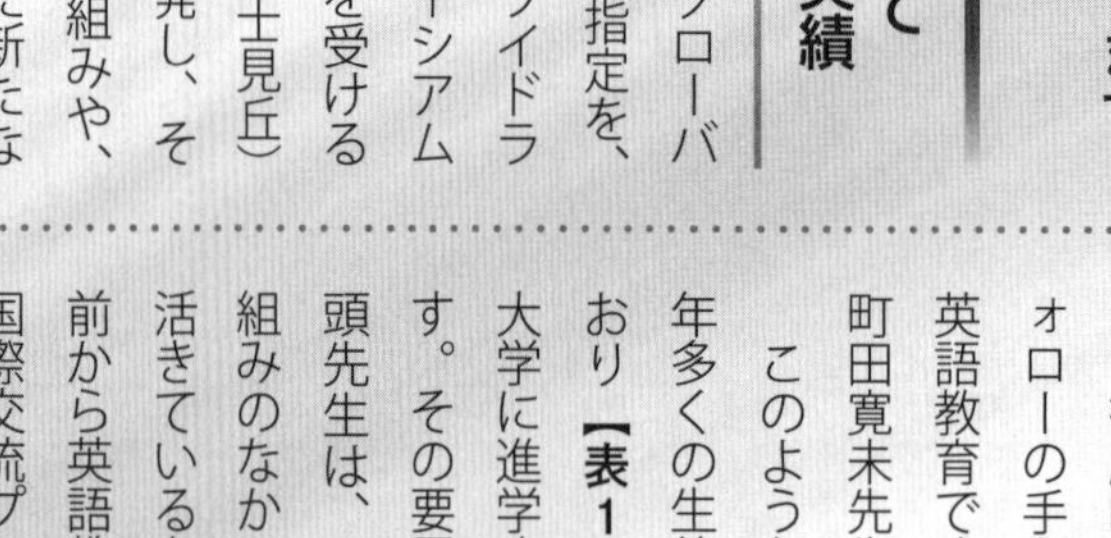

高校３年生 英検取得率

準１級以上 32%
２級以上 79%

年	2級以上（%）	うち準1級以上（%）
2015	16.7	
2017	39.0	
2019	73.8	19.6
2021	79.4	31.5

授業でも宿題でも意識するのは4技能

グローバルコース、アドバンスト

コースともに、高1～高3の3学年すべて英語の授業は週に9時間と豊富に設定されており、アドバンストコースは習熟度に応じてさらにコースA、コースB、インターの3分類に分かれます。最上位のインターではすべての授業がネイティブ教員による取り出し授業となりますが、どのコースでも少なくとも週3時間以上はネイティブ教員が訪れ、4技能を伸ばすことを意識した授業が展開されています。

「定期試験の内容は共通なので、授業で扱う教科書はインター以外は同じですが、グローバルコースは基礎から丁寧に指導をしていく、アドバンストコースの各クラスは発展的な内容を扱っていく、というように、それぞれが現在持っている力をより伸ばせるような指導を実践しています」（町田先生）

さらに宿題でも4技能を意識しているのが特徴で、その1つにあげられるのが、毎週末取り組む「週末エッセイライティング」です。与えられたテーマに関する英文エッセイを書いて提出→ネイティブスピーカーの教員と日本人教員が2人で添削→教員のアドバイスを参考に直して再提出→再度教員が添削して返却、と各テーマ2回のやり取りを繰り返すうちに、「書く力」がどんどん鍛えられていきます。

これだけ英語に触れる機会が多いと、「英語が苦手な場合はついていけないのでは」という心配の声も寄せられるそうですが、「英語に苦手意識を持つ方こそ、ぜひ入学していただきたいです」と町田先生。「ここまで手厚く1人ひとりをフォローする学校はなかなかないと思いますし、たとえ本人が英語の学習に消極的でも、こちらから積極的に声をかけていくので、どんな生徒も英語の力を伸ばせると思います」と続けます。

こうした生徒を徹底的にサポートする姿勢は英語教育だけにとどまらず、各教科の授業、さらには進路指導においてもみられます。

「入学時には成績が伸び悩んでいた教科があったとしても、生徒が希望進路をかなえるための手厚いフォローを行っているので、毎年多くの生徒が夢をかなえています。勉強以外のことに目を向け、そこで生まれた興味関心がきっかけとなって、学習意欲が高まることもあると思います。

本校はそうした意欲が芽生えるような、色々なプログラムも用意しているので、それらもぜひ活用してほしいです」と佐藤副教頭先生が話すように、生徒が夢をかなえる環境が整う富士見丘です。

ここがすごい！ 富士見丘の英語教育

書き直しまでしっかりと エッセイライティング

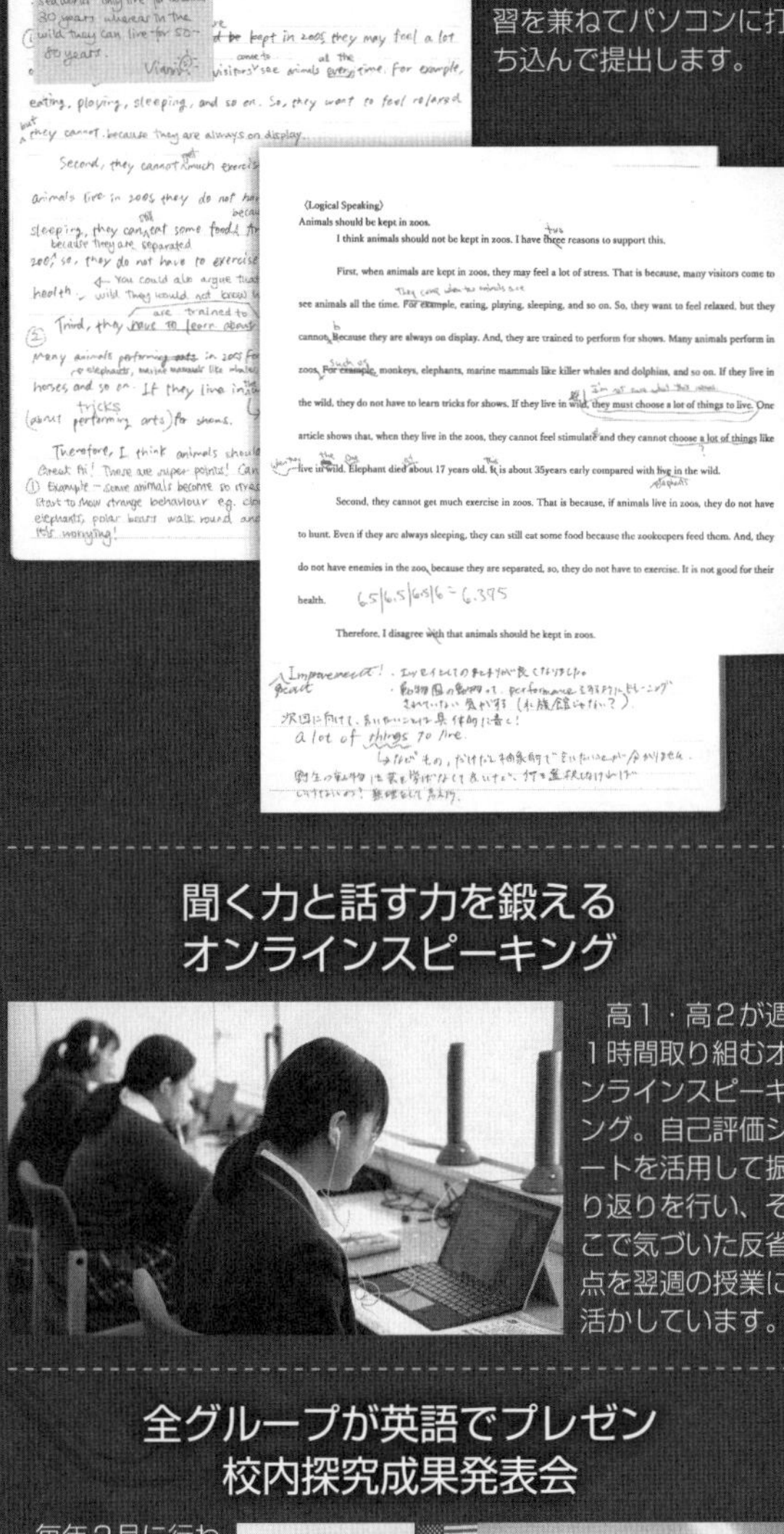

(Logical Speaking)
Animals should be kept in zoos.

I think animals should not be kept in zoos. I have three reasons to support this.

First, when animals are kept in zoos, they may feel a lot of stress. That is because, many visitors come to see animals all the time. For example, eating, playing, sleeping, and so on. So, they want to feel relaxed, but they cannot. Because they are always on display. And, they are trained to perform for shows. Many animals perform in zoos. For example, monkeys, elephants, marine mammals like killer whales and dolphins, and so on. If they live in the wild, they do not have to learn tricks for shows. If they live in wild, they must choose a lot of things to live. One article shows that, when they live in the zoos, they cannot feel stimulated and they cannot choose a lot of things like live in wild. Elephant died about 17 years old. It is about 35years early compared with live in the wild.

Second, they cannot get much exercise in zoos. That is because, if animals live in zoos, they do not have to hunt. Even if they are always sleeping, they can still eat some food because the zookeepers feed them. And, they do not have enemies in the zoo, because they are separated, so, they do not have to exercise. It is not good for their health.

Therefore, I disagree with that animals should be kept in zoos.

1回目（左）は手書きで提出、添削後の2回目（右）はタイピングの練習を兼ねてパソコンに打ち込んで提出します。

聞く力と話す力を鍛える オンラインスピーキング

高1・高2が週1時間取り組むオンラインスピーキング。自己評価シートを活用して振り返りを行い、そこで気づいた反省点を翌週の授業に活かしています。

全グループが英語でプレゼン 校内探究成果発表会

毎年2月に行われるWWL課題研究発表会では、高2の参加者全員が英語で研究発表を行います。

私の向こう側へ。

SDGsを推進しながら、一人ひとりの"ワンランクアップ"をめざします。

地球上のボーダレス化が止まらない現代のような社会では、求められるものもひとつではありません。そんな時代に必要なのは、いろいろな経験を通して得られる知識や技能、そして、借り物ではない『自分の言葉』で発信し、ポジティブな姿勢で対応していく力です。これに向き合うためにも、豊島学院では世界共通の課題として国連が定めた『SDGs(持続可能な開発目標)』を教育のなかで活かしていこうと考えています。たとえば「貧困」「飢餓」「健康」などの目標に生徒一人ひとりが向き合うことで、問題を解決するために、"なにをしなければいけないのか""今、なにができるのか"という問題意識を持つ人間性を身につけてもらいたいと考えています。キャリア教育においては"ものの本質を理解する"をメインテーマに多彩な取り組みを展開します。近年、生徒たちの進学先は多様化し、国公立大学、難関私立大学への進学率も伸長するなど、個々の生徒の"もう、1ランクアップを実現させる教育"が、かたちとなって表れてきました。2022年度には、豊島学院のめざす教育を実現する施設(『知の中心』)として文化的アクティビティやコミュニケーションの核となる『ラーニングセンター(仮称)』(新6号館)も、いよいよ竣工します。

難しい時代だからこそ、できることがある。

これを胸に、豊島学院は生徒とともに、前へ、前へ、と進んでいきます。

今春の大学合格実績

■国公立大・大学校(準大学)…25 大阪大学1・東京工業大学1・東京外国語大学1・東京藝術大学1・東京学芸大学1・電気通信大学1・横浜国立大学1・埼玉大学6・茨城大学3・福島大学1・静岡大学1・和歌山大学1・東京都立大学3・会津大学1・前橋工科大学1・国立看護大学校1

■早慶上理…25 早稲田大学8・慶應義塾大学1・上智大学4・東京理科大学12

■難関私大…82 明治大学14・青山学院大学7・立教大学17・中央大学12・法政大学22・学習院大学5・関西学院大学1・立命館大学4

■成成明武獨國…54 成城大学6・成蹊大学11・明治学院大学6・武蔵大学3・獨協大学18・國學院大學10

■医歯薬(6年制)…20 神奈川歯科大学1・東京薬科大学1・明治薬科大学1・昭和薬科大学2・日本大学[薬]1・帝京大学[薬]5・帝京平成大学[薬]2・城西大学[薬]1・日本薬科大学5・大阪大谷大学[薬]1

【今春の主な進学先】

スーパー特進類型
大阪大、東京学芸大、電気通信大、埼玉大、茨城大、東京都立大、慶應義塾大、立教大、明治薬科大、国立看護大学校 など
【大学現役合格率 96.4% 大学現役進学率 82.1%】

特別進学類型
埼玉大、茨城大、東京都立大、早稲田大、東京理科大、明治大、立教大、中央大、成蹊大、芝浦工業大、埼玉医科大 など
【大学現役合格率 100% 大学現役進学率 97.0%】

選抜進学類型
早稲田大、東京理科大、明治大、法政大、明治学院大、獨協大、國學院大、日本大、東洋大、駒澤大、芝浦工業大、順天堂大 など
【大学現役合格率 90.5% 大学現役進学率 87.4%】

普通進学類型
東京理科大、立教大、法政大、青山学院大、成城大、武蔵大、國學院大、明治学院大、獨協大、日本大、東洋大、専修大、工学院大、東京薬科大、東京女子大 など
【大学進学希望者の現役合格率 96.3%】
【大学進学希望者の現役進学率 94.9%】

体験入学・個別相談 【中学3年生対象/予約制】

	① 校舎・施設見学	② 全体会開始
9月25日(日)	① 9:30	②10:00
10月10日(祝月)	① 9:30	②10:00
10月23日(日)	①14:30	②15:00
10月30日(日)	①14:30	②15:00
11月6日(日)	①14:30	②15:00
11月13日(日)	①14:30	②15:00
11月20日(日)	①14:30	②15:00
11月23日(祝水)	①14:30	②15:00
12月3日(土)	①14:30	②15:00
12月4日(日)	①14:30	②15:00

●本校ホームページからの予約制となります。希望日と類型を『申し込みフォーム』かお申し込みください。●一回の定員に限りがあります。●模擬授業など、類型別に行い す。●予約は中3生のみです。また、中3生も1回のみの参加となります。●個別相談は 体会(約2時間)終了後、希望制(予約不要)で行います。また体験入学に参加された方は、 加した回以降の体験入学全体会開始1時間後も個別相談(予約不要)可能です。●上履き 筆記用具をご持参ください。●お車での来校はご遠慮ください。

●上記日程は諸般の事情により、中止になる場合があります。前日のホームページでご確 ください。

学校法人 豊昭学園
豊島学院高等学校
併設/東京交通短期大学・昭和鉄道高等学校

〒170-0011 東京都豊島区池袋本町2-10-1 TEL.03-3988-5511(代表)

最寄駅:池袋/JR・西武池袋線・丸ノ内線・有楽町線 徒歩15分
副都心線 C6出口 徒歩12分
北池袋/東武東上線 徒歩7分
板橋区役所前/都営三田線 徒歩15分

つねに前へ。進化する伝統校

Try New Move Forward

高等学校

学校説明会 予約(予定)

第 1 回　9/10㊏ 14：00～15：20

第2・3回　10/22㊏ 10：00～11：50／14：00～15：50

第4・5回　11/19㊏ 10：30～11：50／14：00～15：20

中高同時開催

中高施設見学会 10：00～12：00／13：30～15：30 要予約

第2回　6/18㊏／第4回　8/27㊏

第3回　7/30㊏／第5回　12/26㊊

紫紺祭(文化祭) 予約(予定)

9/23㊎ 10：00～16：00

9/24㊏ 9：30～15：30

中学体育祭 予約(予定)

10/27㊍ 9：15～15：30 ※校舎建物内への立入りはできません。

スクールバス発着駅

京王線「調布」駅より 約20分

「飛田給」駅より 約10分

(渋滞回避のため、朝7:30～8:15は飛田給駅を利用)

JR中央線「三鷹」駅より 約25分

JR南武線「矢野口」駅より 約25分

※本校では、原則としてスクールバスを利用して通学します。

※本校校舎建物への入場に際しては上履き・靴袋が必要です。※新型コロナウイルス感染状況によっては、行事の変更・中止、または予約制となる場合もありますので、直前に本校HPをご確認ください。

明治大学付属
明治高等学校・中学校

〒182-0033 東京都調布市富士見町4-23-25
TEL.042-444-9100(代表)　FAX.042-498-7800
https://www.meiji.ac.jp/ko_chu/

特別進学クラス　大進選抜クラス　大学進学クラス

保善高等学校

100年の歴史を基盤に
「新しい自分・自分が望む自分」を創る単独男子校

東大合格！早稲田・慶應を含む現役進学率87%の実績!!

交通アクセス

高田馬場駅より 徒歩8分
- JR山手線
- 西武新宿線
- 東京メトロ東西線

西早稲田駅より 徒歩7分
- 東京メトロ副都心線

西武池袋線・東武東上線・東急東横線・みなとみらい線が相互乗り入れ運転

〒169-0072 東京都新宿区大久保3丁目6番2号

資料請求

入試広報部 フリーダイヤル
0120-845532

保善高校　検索　スマートフォンでもご覧頂けます｜hozen.ed.jp

資料請求やWeb予約はホームページから

学校説明会と個別相談会　Web予約が必要です

9/24㊏　10/15㊏　10/29㊏　11/5㊏
11/19㊏　11/26㊏　12/3㊏　全日程10時開会

個別受験相談会　Web予約が必要です

9/25㊐	10/23㊐	11/27㊐	12/4㊐	12/10㊏	12/18㊐
10時～15時	10時～15時	10時～15時	10時～15時	10時～15時	10時～15時

12/5㊊	12/6㊋	12/7㊌	12/8㊍	12/9㊎
15時～18時	15時～18時	15時～18時	15時～18時	15時～18時

文化祭

10/1㊏　10/2㊐
10時～15時

日程は変更・中止になる場合がございますのでHPで最新の情報をご確認ください。

学校説明会【生徒による説明会】

＊ホームページよりご予約ください。

9月17日(土) 10:00～11:30
10月 9日(日) 10:00～11:30
11月 5日(土) 10:00～11:30

ナイト説明会

＊ホームページよりご予約ください。

9月20日(火) 18:30～19:30
会場:越谷コミュニティセンター
(新越谷駅、南越谷駅より徒歩3分)

個別相談会

＊ホームページよりご予約ください。

9月23日(金祝) 10月16日(日)
10月22日(土) 10月29日(土)
11月19日(土) 11月26日(土)
12月17日(土)
(全日程 9:00～12:00、13:00～15:00)

2023年度 入試日程

第1回 1月22日(日)　第2回 1月24日(火)　第3回 2月 1日(水)

新型コロナウイルス感染拡大の状況に応じて、各説明会・相談会実施日の2週間前を目安に、実施の有無を判断し、ホームページに掲載いたします。最新情報をホームページでご確認のうえ、お越しください。

春日部共栄高等学校

〒344-0037 埼玉県春日部市上大増新田213 TEL.048-737-7611
東武スカイツリーライン／東武アーバンパークライン 春日部駅西口からスクールバス7分
https://www.k-kyoei.ed.jp

埼玉県 ● 共学校

栄東高等学校（さかえひがし）

1978年に「人間是宝（にんげんこれたから）」を建学の精神として開校された栄東高等学校。教科領域に留まらない多様なアクティブラーニング（AL）を通して、現代社会で活躍するために必要な「生きる力」を育んでいます。東京理科大学への合格者数全国NO．1をはじめ、多くの難関大学に合格者を輩出する首都圏でも有数の進学校です。今回は、入試広報部の市原貴紀先生と長崎政綱先生にお話を伺いました。

誰もが自然体でいられるのびのびとした校風

本校では、以前から帰国生を積極的に受け入れ、英語力をはじめとして、帰国生が海外で身につけてきた力をさらに維持発展できるよう努めています。

ただし、一口に帰国生といっても、通っていた学校も、海外滞在年数も、帰国時期も異なります。

理科や社会の学習に不安があるという生徒もいれば、現地校やインターナショナルスクールでの学校生活が長く、日本語でのコミュニケーションが得意でない生徒もいます。一律の補習等を行っても十分に対応することができません。

そこで、本校ではそれぞれの生徒に応じたサポートを行うため、定期的にヒアリングを実施しています。

校風としても、元々広い地域から生徒が集まっている学校ですので、多様性を受け入れる土壌ができあがっています。

クラスに帰国生がいることも当たり前で、第一言語が日本語ではない生徒さえいます。どのような生徒も安心して学校生活を送れる、自然体でいられる学校です。

教科の枠を超えた深い学びと伝統のキャリア教育

栄東の特徴的な授業スタイルとして、よくアクティブラーニング（AL）が取り上げられるのですが、実際には「これがALです」というような決まった型がないことが特徴です。

学問として一つの教科を突き詰めて考えていくと、結局いろいろな教科の知識や理論にまたがって理解する必要があるため、最近では教科の枠を超えた授業を行う、合科授業も実践しています。

例えば、社会の授業に理科の教員が入って、共通の課題について理科的な側面と社会的な側面の両面から議論をします。合科授業は事前に用意したシナリオがあるわけではなく、生徒たちの発言を受けて展開する、まさに型のない授業です。

ネイティブの教員も常駐。希望に応じてハイレベルな英語の授業が受けられます。

そうした授業から生まれる新しい発想、自由な発想がこれからの社会では重要になると考えています。生徒の発言から教員が新たに気づかされることも多いです。

また、開校以来続けている伝統が、卒業生とのつながりを生かしたキャリア教育です。毎年、社会人として活躍する卒業生を招き、在校生に直接話をしてもらっています。

その仕事のやりがいだけでなく、苦労を含めて話してくれますので、生徒たちはリアルな仕事観を養うことができます。

近年、開校当初には世の中になかった職業に就いた卒業生が話してくれることもあります。伝統を受け継ぎながらも変化し続けているプログラムです。

入試広報部
市原 貴紀（いちはら たかのり） 先生

入試広報部
長崎 政綱（ながさき まさつな） 先生

海外経験を生かして活躍する帰国生たち

帰国生は各クラスや学校全体を引っ張ってくれています。

海外からの留学生と英語でディスカッションやグループワークを行うエンパワーメントプログラムでは、帰国生が中心となって留学生と交流する姿がよく見られます。

学校内に限らず、校外で行われるコンテストやコンクールの募集にも、文系・理系の枠にとらわれず、帰国生が真っ先に手を挙げることが多いです。

入学当初、大人しくて友達を作るのが苦手な生徒にも積極的に話しかけて、クラスになじめるように手伝ってくれることもあります。

異文化の中で培われた経験が学校生活にプラスに働いているのだと思います。

多様な帰国生にとって居心地のよい学校

入試では難問や奇問を出題することはありませんので、基本に忠実に勉強をしていれば大丈夫です。

本校が帰国生に求めているのは英語力だけではなく、海外での経験そのものです。そのため、日本人学校出身で英語が得意でなくても心配する必要はありません。

まだ海外に滞在しているのであれば、現地での一日一日の生活を大切にして過ごしてほしいと思います。

本校は多様性にあふれ、海外経験がある生徒にとっても居心地のよい学校です。安心して入学してきてください。

また、随時編入生も受け入れています。急に帰国が決まったときにはお問い合わせください。迷ったらまずは受験してみていただきたいです。

スクールインフォメーション

所在地：埼玉県さいたま市見沼区砂町2-77
アクセス：JR宇都宮線ほか「東大宮駅」徒歩８分
ＴＥＬ：048-666-9288
ＵＲＬ：https://www.sakaehigashi.ed.jp/

2022年3月　おもな合格実績

東京大学…14名／京都大学…1名／東北大学…16名／東京医科歯科大学…4名／東京工業大学…5名／一橋大学…2名／筑波大学…6名／横浜国立大学…4名／早稲田大学…144名／慶應義塾大学…78名／上智大学…26名／東京理科大学…213名／医学部医学科…94名

早稲田アカデミー国際部から

出願書類の準備はお早めに

出願書類は学校ごとに異なるため、受験する可能性があるすべての学校の募集要項を必ず確認しましょう。海外から書類を取り寄せなければならない場合もありますので、早めの確認が大切です。

出願時に記入する志望理由書や活動報告書は面接試験で参照されることもあります。書き始める前に、面接で「何をアピールするか」「どのように質問してほしいか」を想定して内容を練っておくことが大切です。出願書類の準備段階から入試は始まっているのです。

慶應義塾湘南藤沢高等部 対策授業・説明会

11/3（木祝）に慶應義塾湘南藤沢高等部の帰国生入試を受験する中３生対象の対策授業を開催します。同時開催の保護者様向け説明会では、出願書類作成や面接試験のポイントをご説明します。9/20（火）よりWebサイトで申込受付

［タイアップ記事］

魅力に迫る

次なるステップとして進められる高大連携の強化と新たな教育

東洋大学京北高等学校（とうようだいがくけいほく）

昨春新校長を迎えた東洋大学京北高等学校。星野純一郎校長先生に同校のこれからについて伺いました。

■ 東京都　文京区　共学校 ■

星野 純一郎（ほしの じゅんいちろう）
校長先生

附属校の強みを活かしつつ 他大学進学も積極的に支援

2021年4月に東洋大学京北高等学校（以下、東洋大京北）の校長に就任された星野純一郎先生は「附属校として東洋大学との連携教育を実施できることは大きな魅力です。例えば昨年は『KSST（京北スーパーサイエンスチーム）』も始めました。東洋大学と深い関係にある東京大学内にラボを持ち、バイオ3Dプリンティング技術を実用化しているベンチャー企業などとの体験学習や研究所、博物館を含むフィールドワークも行いました。また来年度へ向け、ハワイ島での大規模フィールドワークの準備も着々と進めています」と話されます。

このように附属校としての強みを持ちながらも、他大学進学のためのサポート体制も万全なのが東洋大京北です。用意されているのは「難関進学クラス」と「進学クラス」の2つ。いずれも幅広く教養を養うことを第一に、そのうえで希望進路を実現することが重要だとしています。

「本校には、東洋大学への附属校推薦入学枠があり、基準を満たせば一般受験することなく進学できます。しかし、生徒には附属校だからと安易に進路を決めるのではなく、自分の将来についてしっかり考えたうえで、難関大学や国公立大学など、より高みをめざした進路選択をするように伝えています。その選択肢の1つとして東洋大学があるということです」と星野校長先生。

哲学教育に加え 理数教育にも注力

東洋大京北は建学の精神「諸学の基礎は哲学にあり」に基づき哲学教育に力を入れています。倫理の授業を必修とするとともに、哲学ゼミや哲学エッセーコンテスト、刑事裁判傍聴学習会など多彩なプログラムを用意。加えて昨年は、海外の研修生を対象とする特許庁委託事業「知財研修」に高2が参加し、パテント※コンテストの取り組み内容を英語で説明しました。

独自の哲学教育を行う一方、「理数教育にも注力します」と熱く語る星野校長先生。理数教育推進委員会を立ち上げ、高2対象の理系科目に特化した高3・0学期勉強合宿を実施し、医学部進学希望者に対する進路指導の強化を進めています。

新たな教育を展開することで、今後さらに魅力的な人材を輩出していくに違いない東洋大京北。2023年度入試では一般入試第2回を2月13日に移動するなど、より多くの受験生が受験できるようにします。

「どんなことにも挑戦するという貪欲（どんよく）な気持ちを持って、諦めない姿勢で物事に取り組める生徒さんを待っています。いま苦手なことがあったとしても、大切なのは入学してからどう過ごすかです。成長しようと頑張る、私が見たいのはそんなみなさんの姿です。本校で新しい自分を見つけましょう」（星野校長先生）

入試イベント

学校説明会 要予約
10月22日 ㊏　11月26日 ㊏
両日とも 15:00～16:30

京北祭（文化祭） 要予約
9月23日 ㊎㊗　9月24日 ㊏
入試相談室あり

個別相談会 要予約
11月12日 ㊏
11月19日 ㊏
12月 3日 ㊏
12月10日 ㊏
すべて 14:00～17:00

※日程は変更の可能性があります

SCHOOL DATA

所在地 東京都文京区白山2-36-5
アクセス 都営三田線「白山駅」徒歩6分、地下鉄南北線「本駒込駅」徒歩10分、地下鉄丸ノ内線「茗荷谷駅」徒歩17分、地下鉄千代田線「千駄木駅」徒歩19分
TEL 03-3816-6211
URL https://www.toyo.ac.jp/toyodaikeihoku/hs/

※自ら考え出した発明を応募するコンテスト

中学生の未来のために！

大学入試 ここがポイント

進学のための高校選択では、「大学進学までを見通して選ぶ」ことが大切な時代になっています。中学生であっても、いまから大学の動向に興味を持ちましょう。

大学は統合・再編の時代へ 生き残りかけてしのぎ削る

8月初め、国立の東京医科歯科大と東京工業大が統合に向けた協議を開始したことを、それぞれのホームページで発表しました。

統合により医療や工学など分野の異なる研究者の交流が活発になり、先端的な研究が展開されることが期待されています。

じつは、この2大学の統合に限らず、大学再編の動きは近年活発化しています。

政府は2019年、1つの国立大学法人が複数大学を経営できるよう、国立大学法人法を改正しています。法人統合で、重複する講義や管理部門を共通化し、各大学の特色を活かした教育研究の充実を図らせるのが狙いです。

また、その背景には、国公立大、私立大を問わず、少子化を要因として、将来の経営悪化が懸念されていることがあげられます。

この法改正を受けて名古屋大と岐阜大は2020年、「東海国立大学機構」という法人を設立し、ともに傘下の大学となりました。

今年4月には北海道の小樽商科大、北見工業大、帯広畜産大の3大学、奈良県の奈良教育大、奈良女子大の2大学がそれぞれ法人を統合しています。

公立大学では、大阪府立大と大阪市立大が今春、合併して大阪公立大が誕生しています。

私立でも、慶應義塾大と東京歯科大が統合に向けた協議を進めています。早稲田大は日本医科大との連携強化に動いています。

前述しましたが、少子化やそれに伴う補助金の低減などにより、大学をはじめとした高等教育機関を取り巻く経営環境は年々厳しさを増しています。お伝えしたような大学の統合・再編が相次いでいるのは、生き残りをかけているものともいえるのです。

大学も学部も変わっていく 大学選びもそれを見越して

中学生の読者のみなさんは、いま現在の大学、学部の姿にとらわれることなく、統合される大学、新設学部の情報に目を向けて、自らの将来像を考え、進路選択に反映させるべきでしょう。とくに理系の大学、学部は「改革が急」となりそうです。

ただ「これは大変！」と慌てる必要はありません。みなさんには、これまでにはなかった大きな学びの場が用意される可能性が高いのです。進路の幅が広がるものと考えて、将来の自分を見つめましょう。

※本誌では次号(10月発行)『秋増刊号』で大学の統合・再編につき、解説とその未来像を特集する予定です。

東大入試突破への現代文の習慣

東大入試を突破するためには特別な学習が必要？　そんなことはありません。身近な言葉を正しく理解し、その言葉をきっかけに考えを深めていくことが大切です。田中先生が、少しオトナの四字熟語・言い回しをわかりやすく解説します。

早稲田アカデミー教務企画顧問
田中としかね

東京大学文学部卒業
東京大学大学院人文科学研究科修士課程修了
専攻：教育社会学
著書に『中学入試 日本の歴史』『東大脳さんすうドリル』など多数。文京区議会議員。第48代文京区議会議長、特別区議会議長会会長を歴任。

田中先生の「今月のひと言」

インプットが量的に「飽和」してから、理解の質的な変化は起こるものです！

今月のオトナの四字熟語

飽和状態

「日本が経済成長を望んだところで、もはや成長期も終えた段階ですよ。既に消費者のニーズもサチっちゃってますから、大幅な回復なんてあまり考えられないと思いますが……」と言うのは、かつての教え子君です。現在、東京大学の博士課程に在籍していて、将来は政府系のシンクタンク（政策立案・提言などを行う研究機関）に勤務したいという希望を抱いている青年です。「そこをなんとか考えるのが、君の仕事になるんだろうが！」と、小学生のころから知っているよしみで、私も遠慮せずに話をします。教え子がこうして今でも訪ねてきて、話を聞かせてくれるというのは、本当に教師冥利に尽きます。「最近の若者の傾向」を知るという意味でも、私にとって有益かつ貴重な時間となっています。

今回の会話の中で「今の20代は、こんな言葉の使い方をするのか」と驚いたのが、この「サチる」という言い回しなのです。「サチる」は「saturation（サチュレーション）」という英語に由来します。その意味は「飽和状態」ということであり、そして「サチる」という用法で「飽和状態になる」ことを表しています。飽和状態というのは「これ以上の余地がないほどに、いっぱいの状態であること」を意味しています。理科の実験を思い出してください。水に食塩を「もうこれ以上溶かすことができない」ところまで溶かしたものを「飽和食塩水」と呼ぶのでしたね。濃度が物理的に限界を迎えた状態です。でも、デジタルネイティブ世代である20代が、理科実験から「サチる」という言葉を使うようになったわけではないでしょう。ネットワークで「サチる」というと、通信するための帯域がいっぱいになったり、データの処理が限界に達してしまったりして、「それ以上速度が出ない」という状態を指すのだそうです。ここから「数値が上限となり、これ以上増やせない」状況全般を「サチる」と言い表すようになったようです。

また、皆さんはこのカタカナの「サチュレーション」を、最近見聞きしませんでしたか？　そう「血液中に溶け込んでいる酸素の量」である「血中酸素飽和度」のことを意味していて、「サチュレーションが低下した危険な状態」といった用法で、ニュースでも取り上げられていましたよね。新型コロナウイルス感染症患者の病状を判断する目安として、用いられているものです。指先に装着して血中酸素飽和度を測定できるパルスオキシメーターという機器も注目されましたよね。患者の重症化をいち早く察知することができるからです。

さて、教え子君が語ってくれた日本経済についてです。例えば、現在日本における自動車の普及率は、1世帯あたり1台を超えています。車を必要とする家族のほぼ全てが、自動車を所有している状態であるといえます。ですから、車を買い替えるといった需要はあったとしても、車がどんどん売れて台数が大きく増えるということは考えにくく、「自動車の飽和」を迎えているのが現状なのです。同様に、日本ではほとんどのモノが飽和しており、もはや量的拡大では経済は成長しない、というのが話の流れになります。

ここで「経済」を「学習」に置き換えて、少し考えてみたいと思います。経済と同様に学習も、右肩上がりに成長を続けることが理想ではありますが、「学習曲線」と呼ばれる「練習量」と「理解度（習熟度）」の関係を思い出してみてください。学習を開始したばかりの「準備期」には、覚えることがたくさんあって、学習はどんどん進みます。そしてこの「準備期」を経ることで、学習者の「知識の受け皿」が広がり、次から次へと吸収することができているという実感が伴う「発展期」を迎えることになります。周りからも「成長しているね」と見られるのは、この時期にあたるのですね。ところが、「学習曲線」はここからあたかも停滞しているように見える「高原期（グラフが平らになる時期）」を迎えることになります。「これ以上知識を増やせない」と感じてしまう「飽和状態」に陥るのですね。ですがこの「サチった」状態こそ、新たな発展期を迎えるための準備期間として極めて重要になるのです。学習者にとっては、頭打ちのようで伸びを実感しにくくなるのですが、この時期にこそ、「量的」拡大から「質的」理解へと進化する大きな転換が行われているのです。本当の意味での「成果」は、このタイミングで獲得されるのだといえるでしょう。そして理解の質が高まれば、飽和状態だと思われた知識も、さらに発展的に受容できるようになり、「成長する」スピードまで次第に速くなっていきます。学習曲線では「発展期」というステージを、周期を重ねるように何度も経験していくものなのですよ。

「なるほど。量的な拡大を成長と捉えるだけでなく、質的な豊かさの拡充を成長と見なすのですね」そうですよ、教え子君。「サチってからが勝負！」という理解で、日本経済の立て直しに向けた新たなビジョンの作成に力を注いでくださいね。

今月のオトナの言い回し

インクルージョン

東京大学が「ダイバーシティ&インクルージョン宣言」を定めました。この宣言は「ダイバーシティ（多様性）の尊重」と「インクルージョン（包摂性）の推進」という二つの項目によって構成されており、「多様性」と「包摂性」が均等な価値を持つことを示しています。そして東京大学が、世界的人材を輩出していくためには「多様性」と「包摂性」を実現することが不可欠である、と考えていることがわかる内容になっています。

ダイバーシティ（diversity）とは、英語で「多様性」を意味する言葉であり、皆さんも耳にすることが多くなったと思います。集団において、年齢・性別・人種・宗教・趣味嗜好などさまざまな属性の人たちが集まった状態のことを指しています。東京大学の宣言のなかでも、そうした属性によって「差別されることのないことを保障します」とうたわれています。ダイバーシティは、一人ひとりが自分らしく生きることができる社会をつくるための普遍的価値になります。つまりダイバーシティは、基本的人権に根差し、無条件に尊重されるべき理念なのです。

一方、インクルージョン（inclusion）は、英語で「受容（受け入れる）」という意味があり、宣言のなかでは「包摂性」と訳されています。東京大学といえば、受験生にとっては最も「狭き門」というイメージがあります。その東京大学が「受け入れます」と宣言しているのですから、これはどういう意味になるのでしょうか。この部分の宣言にはこうあります「さまざまな属性や背景を理由に不当に排除されることなく参画の機会があることを保障します」と。無条件に認められる「多様性」に対して、「包摂性」は「不当に排除されない」という扱いになっています。「不当に」の反対は「公正に」ということでしょう。ですから「不当に排除される」ということの反対を「公正に選抜される」ことだと理解すれば、東京大学で学ぶことが無条件で認められるわけではないことがわかりますよね。

さらにインクルージョンに関する決定は「一度きりの最終形ではなく、社会や時代の文脈によって不断に問い直され、見直される」とも表明されています。東京大学の真摯な姿勢が伺われます。

多様な個性と背景、多彩な才能を持つ人々が集まり、差別や偏見を克服する活気にあふれた「東京大学コミュニティ」をつくりたい、という宣言でもあります。総合大学である東京大学のなかでは、無数の、そして広範囲の活動が、現在進行形で展開されています。そこに「誰でも学べる」「みんなで学べる」という観点で参加が可能になるような地域に開かれた東京大学の姿を、私も卒業生の一人として、また東京大学に隣接する町会コミュニティにも属している一人として、期待してしまいます！

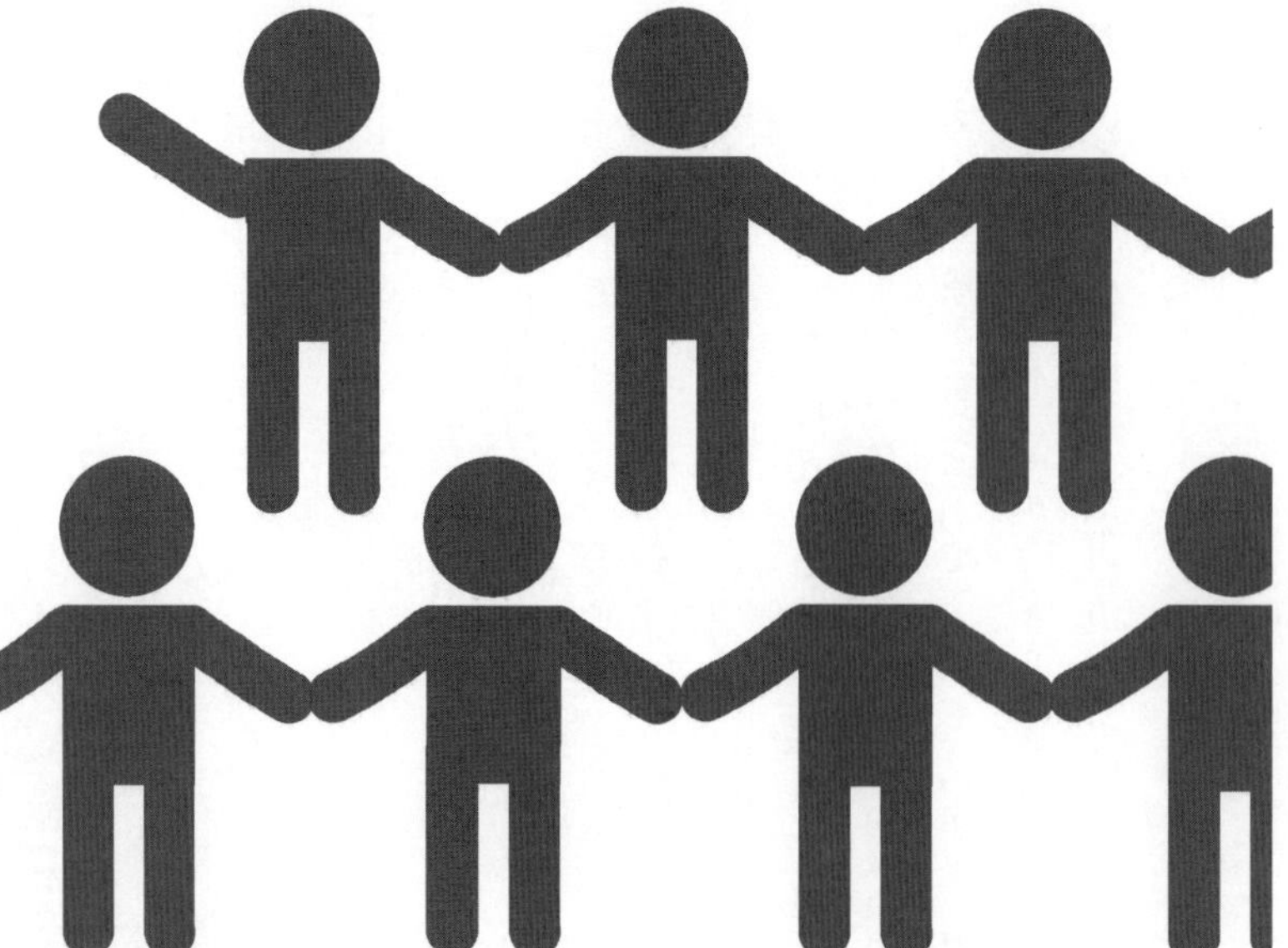

早稲アカ
併用コース

この秋、得点力を伸ばす

「個別指導」という選択肢

集団校のフォローアップをすき間時間で効率的に！

志望校に合わせた対策授業・過去問指導

早稲田アカデミー個別進学館に通った生徒の成績向上例

中3 数学 2021年度 スタンダードテスト 偏差値推移

中3 英語 2021年度 ハイレベルテスト 偏差値推移

49.2
49.6
59.1
UP
9月
12月
1月

中2 国語 2021年度 スタンダードテスト 偏差値推移

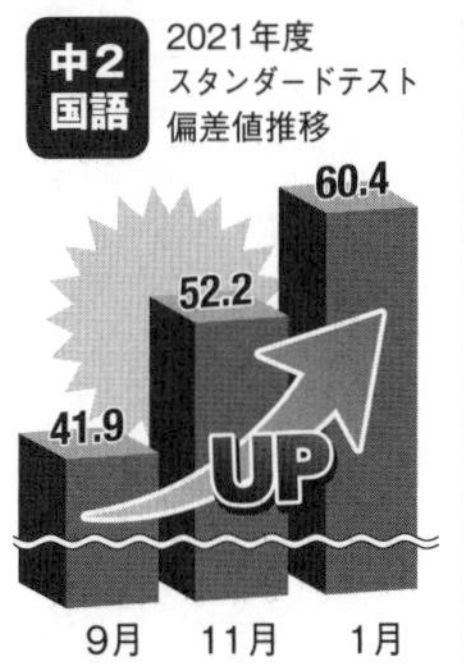

中2 数学 2021年度 ハイレベルテスト 偏差値推移

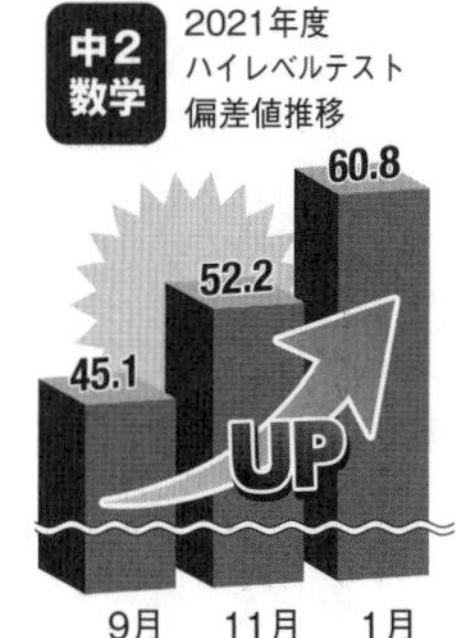

中1 数学 2021年度 スタンダードテスト 偏差値推移

オンライン個別指導実施中！

校舎での「対面授業」、
自宅での「オンライン授業」の
切り替えＯＫ!

ご入塾までの流れ

❶ お問い合わせ（電話またはWeb）
▼
❷ 個別面談（要予約）
▼
❸ 学習プランのご提案

→ 初回授業スタート！

短期
受講可能

早稲田アカデミー個別進学館

お問い合わせ

0120-119-923

[受付時間] 平日 10:00～21:00／土日祝 10:00～19:00

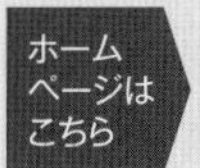

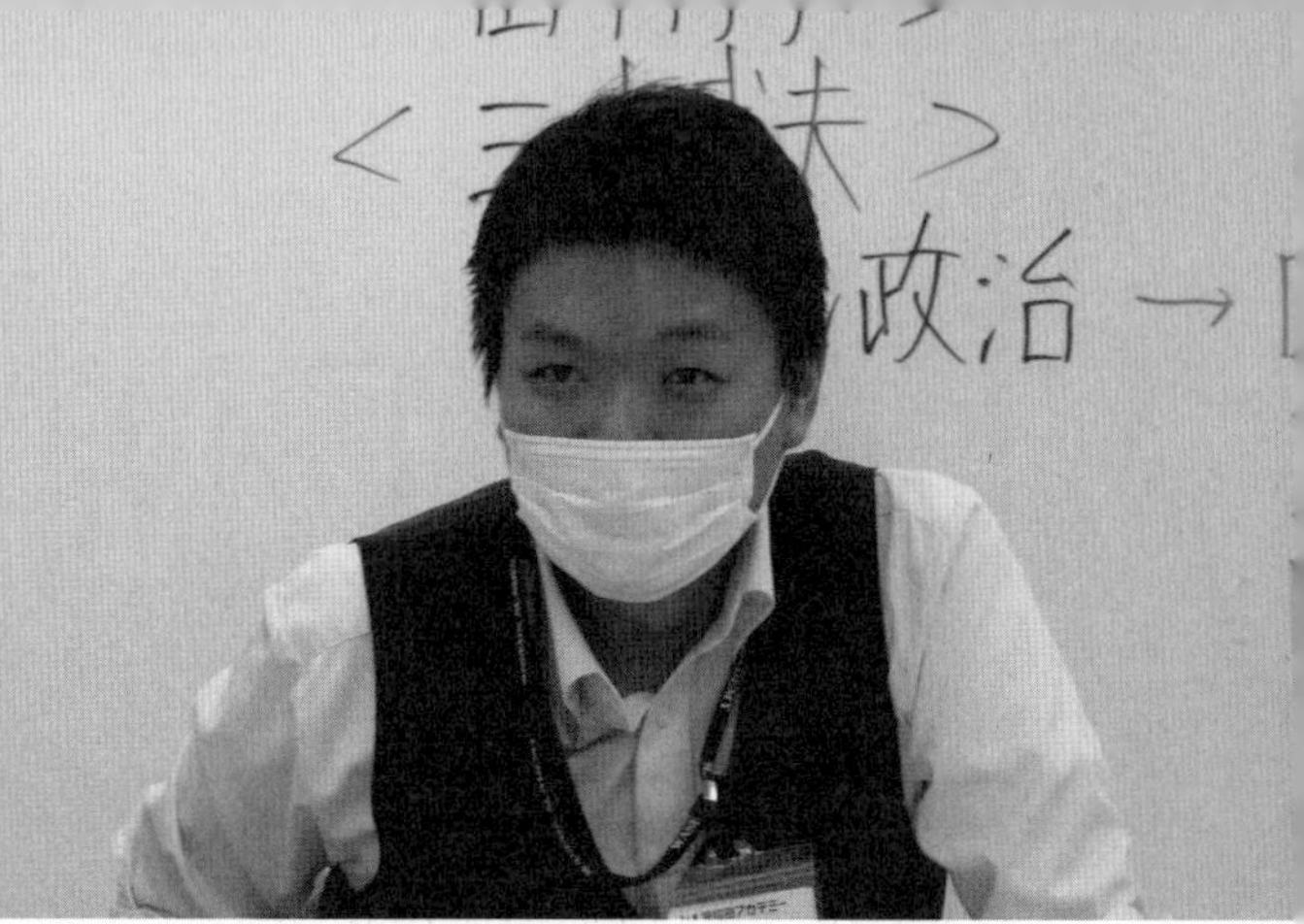

早稲田アカデミー
大学受験部
授業ライブ

#02

日本史／小川（おがわ）真司（まさし）先生

“勉強”のススメ
―だから学びは面白い！

今、勉強しているのは受験のため？　勉強を続けると見えてくるものは？　早稲田アカデミー大学受験部の授業をのぞいてみると、勉強の先にある“未来”のヒントが見つかるかもしれません。第2回は、小川真司先生の日本史の授業です。

「もし君が○○だったら」

「世界で冷戦が始まるなか、日本には経済的な自立が求められた。経済的な自立には収入と支出のバランスが欠かせない。そのバランスを取るために、『シャウプ勧告』と『ドッジ＝ライン』が同年に実施されたんだったね」

授業最初の確認テストが終わると、小川先生は答案をその場で確認しながら、前回授業の復習ポイントを伝えていきます。

高校3年生の夏期講習会、授業のテーマは「戦後史」です。国際的な動きを背景に政治と経済が複雑に影響し合う近現代の歴史は、細かな知識も多く、生徒が苦手意識を持ちやすい単元です。しかし小川先生の授業は、覚えることが中心ではありません。

「君が日米安全保障条約の改定に反対していたとしよう。その改定を強行的に進めた岸信介首相は、君からすれば憎い相手だね。でも、その後を継いだ池田勇人首相から『あなたの給料、10年で倍にしますよ』と言われたら、君の気持ちはどう変わる？」

「それはうれしい」

「でも、『そんなの嘘だ』と思うかも」

小川先生の発問に、生徒はその

時代を生きた人たちと同じように考え、迷いながら答えを探します。

「『大学入学共通テスト』を見てもわかるように、大学入試で問われるのは『考える力』です。日本史は確かに覚えることが多い科目ですが、重要なのは『何をどれだけ知っているか』ではありません。発問を通して、『なぜ歴史がそのように動いたか』を考えられるよう工夫しています」

楽しくわかりやすく、成績を上げる授業

通常授業はもちろん、東大志望者対象の「東大必勝コース」でも生徒からの支持を集める小川先生。

「歴史の面白さを伝えられるよう心掛けていますが、それだけでは塾の講師として合格点はもらえません。楽しくわかりやすいのは当たり前、そのうえで成績が上がる授業であること。プロとして生徒の前に立つ以上、それが最低ラインです。

授業では、『君ならどう出題する？』と発問することもあります。

合格のための力をつけるには、入試問題を考える大学教授の目線で考えてみることも大切です」

歴史の分野では、新たな発見から定説が覆されることも少なくありません。「最新の学説から出題されることもあるため、ぼく自身も常に勉強し続けています」と、小川先生は言います。

「大学で歴史を学んでいる生徒が校舎に遊びに来て、『自分が受験生のときはこう習ったけれど、最近はこういう説も出てきましたよ』と教えてくれることもあります。また、卒塾生には必ず『今だから言える感想』を聞くようにしています。『あの単元は難しかった』『理解するのに時間がかかった』など、受験生のころはうまく伝えられなかった本音を教えてもらい、授業に生かすようにしています。ぼくにとっては、卒塾生が先生ですね」

過去から学ぶべきもの

「さあ、ここまでのテキストを見返してみよう。みんなのテキストはどうなっている？」

授業の終盤、小川先生が生徒たちに声を掛けました。小川先生の授業は、板書をノートに逐一写していくスタイルではありません。生徒は小川先生の指示に従い、その発言を工夫しながらテキストにメモしていきます。

「授業後のテキストは世界に一つの、君だけのオリジナル教材だ。そのテキスト、そのメモに、授業の全てが詰まっているよ」

そのテキストを復習するところまでが、小川先生の授業です。

「歴史に名を残す人々が決断をしたとき、そこにはどのような立場が、意図が、思いがあったのか。何が原因で、どのような結果になり、そしてその出来事が世にどのような影響を与えたか。過去の人々の生き様に思いを馳せてほしい。歴史を学ぶということは、未来へのヒントをつかむということなんです」

…… 小川先生より ……

「日本史」とは？

未来への道しるべ

日本史 小川真司

東大生リトのとりとめのない話

いますぐ本が読みたくなる読書の6つのメリットとは

リトのプロフィール

東大文科三類から工学部システム創成学科Cコースに進学（いわゆる理転）をする東大男子。プログラミングに加え、アニメ鑑賞と温泉が趣味。

読書の秋にはどんな本を読む？

今年の夏はいかがお過ごしだったでしょうか。少しずつ秋になってきていますね。秋といえば食欲の秋がまず思い浮かぶと思います。ほかにはスポーツの秋なんかもよくいいますよね。今回は「〇〇の秋」のなかでも読書の秋というテーマでお話しできたらなと思います。

みなさん、本は読んでいますか。もっというと文字を読んでいますか。いまはスマホがあるので、娯楽は動画を見たり、漫画を読んだりすることが多いかもしれません。ぼく自身もそれらの娯楽ツールは使いますが、やはり本を読んでいるときが一番集中できていいです。本といっても様々なジャンルがあります。なにから読めばいいか迷ったときは、自分が好きな本、もしくは興味をひかれる本を読んでみてください。ライトノベルでも、書籍化されたネット小説でもいいと思います。高校生のとき、先生に「ライトノベルでもいいから文字を読め」と言われたのは印象深いです。

それではなぜ、読書はいいのでしょうか。例えば、知識がついたり、文字を読むスピードが上がったりというメリットが思い浮かぶと思います。じつは読書のメリットはもっともっとあるんです。ぼくは、本を読むメリットは、大きく分けてさらに6つあると思っています。

文字を読むのが楽しくなる読書のメリットを解説

まず1つ目は、想像力が増すことです。文章に描かれている情景を頭のなかでイメージし、アニメーションのように映像化することがうまくなります。こ

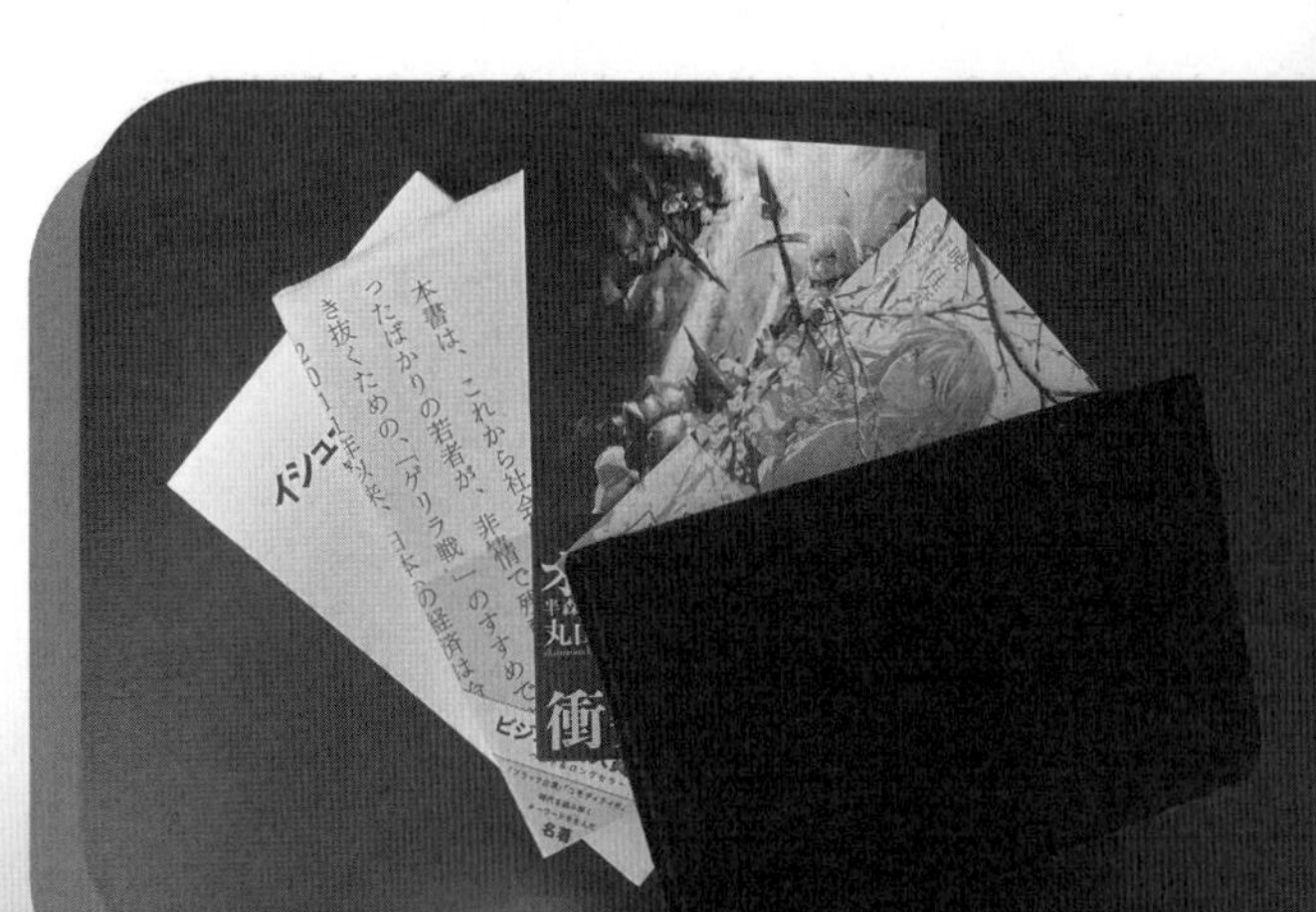
筆者のリトが最近読んだ本（ライトノベル、小説、実用書）

れによって、もっと文章を楽しめますし、イメージした映像を伴って覚えておけるので、文字だけで覚えるよりも多くの内容を記憶できます。

2つ目は、要約力がつくことです。これによって、筆者のいいたいことなど、要点をつかみやすくなります。メリット1で身についた「文章の映像化」を通して、重要な部分を抽出しやすくなったためでもあると思います。

3つ目は、文字を単語や文単位の塊として認識できるようになることです。例えば、「単語」という言葉を、「単」・「語」のように、1文字ずつ認識するのではなく、「単語」というふうに1つの塊としてとらえることが容易になるという意味です。この例では2文字でしたが、文節、文、段落というようにもっと大きな塊も扱えるようになると、読むスピードが上がったり、文章の論理関係（文と文の間にある論理的なつながり）がわかりやすくなりますし、それに伴って要点もさらにつかみやすくなります。

4つ目は、論理関係や文構造をつかみやすくなることです。論理関係がつかめていれば、読みながらその先の流れを想像できます。また、読んだ文章の内容を誤って理解してしまう読み間違いが生じても、論理関係をつかんでいれば、その読み方が誤っていることにすぐに気づくことができます。

5つ目は、読んだ文章を覚えておける量が増えます。記憶量も増えますし、さらにほかのメリットで培われた要約力や論理関係を読み取る力、チャンク化（複数の情報を1つの塊としてとらえること）などによる無意識の工夫によって、読んだ文章や文脈を覚えておけるようになります。

6つ目は、文字を読むのが苦痛ではなくなります。正直、この影響が一番大きいのかなと思います。勉強するにも、問題を解くにも、文字を読む必要があります。独学となるとなおさら、大量の文字を正しく読み取らなければなりません。勉強が苦手にならないためにも、文字への苦手意識をなくしていく必要があります。

ぼく自身も、紙で印刷された「ちゃんとした」小説を読むのが苦手でした。ネットで小説を読むことやライトノベルといったもっと気軽に読める本を手に取ることが多かったです。それでも文章を読むスピードは上がりましたし、そのおかげで「ちゃんとした」小説を読むのも苦ではなくなりました。また、文字を読めば読むほど独学力が上がり、授業でわからないことがあっても教科書を読んで自己解決することや、自己解決できなくともなにがわからないのかを分析できるようになりました。いまでもその力は重宝しています。

大学は基本的に独学の世界となります。研究はとくにそうで、わからないことを教えてもらうことは少なくなっていき、論文などを読まなくてはいけません。また、読書に慣れていると気になったことを調べる際に答えを見つけるのも速くなります。

このように、文字をたくさん読むことは色々な非常にいい影響がありますので、みなさんにもぜひ、本を読んでほしいと思います。最初は自分が楽しく読めるものを読んでみてください！

キャンパスデイズ

十人十色

国際基督教大学

教養学部　2年生

内藤 怜歩（ないとう れいふ）さん

多種多彩な学びの場で 将来の選択肢と視野を広げる

Q 国際基督教大学教養学部を志望した理由を教えてください。

高校生のころ、将来の夢、進みたい分野がまだはっきりとしていませんでした。大学進学を考えた際、専門分野を問わずに進める大学を探し、そこで国際基督教大学を知りました。

2年生までは幅広い分野を学べ、3年生になったらメジャーという31の専門分野のなかから、興味がある分野を選べることや、英語に力を入れていること、少人数クラスなどに魅力を感じました。また、ダブルメジャーといって、2つの分野を同時に履修できる制度もあり、私の希望に合う条件がそろっていました。

短期集中のスタイルでも内容の濃い講義内容に

Q 大学ではどのようなことを学んでいますか？

いまは、様々な分野を学んでいます。1年生のときは、英語の講義が週に7コマほどあって、内容も多岐にわたりました。この春には、英語だけの日本研究の講義を受け、新たな視点から日本の文化や社会を見つめ直すことができました。

合唱の講義もあり、コロナ禍ということでマスクをつけての練習でしたが、最後はキャンパス内にあるチャペルで発表会をしました。

国際基督教大学は3学期制で、1学期が3カ月しかないのですが、1つの講義が週に3コマほどあり、講義によっては5～7限と、3コマ続くこともあります。

3カ月という短い期間ですが、どれも内容が濃いです。

Q 印象に残っている講義はありますか？

1年生の春に取ったジェンダーに関する講義です。もともと興味があった分野でした。歴史など座学的な

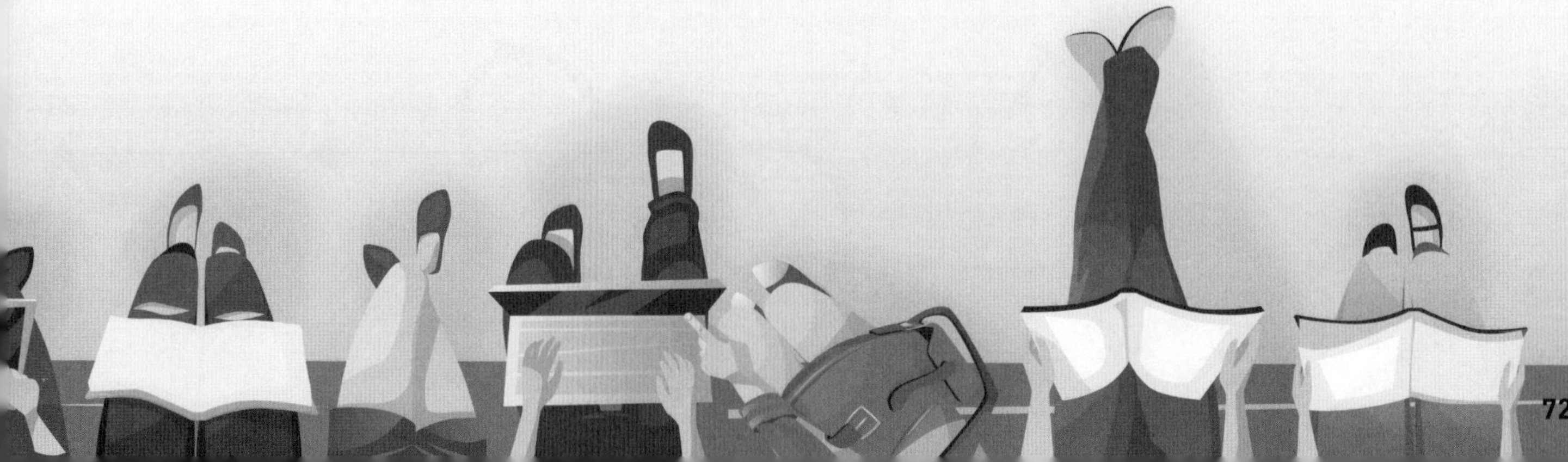

ことをはじめ、NPO法人の方などゲストスピーカーを呼んで色々な声を聞くことができ、知らなかったことばかりでおもしろかったです。

大変だったのは言語学の講義です。各言語のデータというものがあり、そのデータをもとに、この言語を解析しなさいと課題を出され、それがまったく知らない言語ばかり。難しいことが多かったですが、講義中にわからないことがあれば、講義後に先生が丁寧に対応してくれました。

また、4年間のうち、一般教養科目をいくつか履修する必要があり、私は文系ですが、理系科目の「実験付き自然科学入門」の講義を受講しました。物理学、化学、生物学の3つの分野を3カ月で学ぶもので、ペットボトルロケットを作成してどうしたら遠くまで飛ばせるかや、ヤマトシロアリというアリの習性を調べてなにかに利用できないかなどの実験をするので、文系の人でも取り組みやすい内容でした。英語でレポートを提出したこともあります。

講義は基本的に、1年生から4年生まで学年関係なく参加できるので、専門性の高いことを学んでいる先輩から直接話を聞くこともできます。

Q サークル活動など勉強以外で取り組んでいることはありますか。

高校時代から落語が好きだったので、落語研究会に入っています。落語の練習に加え、夏休みには、出囃子(でばやし)(※1)の練習などをしています。寄席(よせ)(※2)は、学園祭も含めて、定期的に開いています。

また、大学が主催する高校生向けのキャンパスツアーのアルバイトを今年から始めました。もともと、人になにかを説明するのが好きだったので応募しました。キャンパス内の施設を詳しく知ることができておもしろいです。

Q 今後の進路について教えてください。

3年生からのメジャーをどれにするかはある程度は考えていますが、まだはっきりと決めていません。友人に相談していると、「人間に関することに興味があるのでは」と言われました。今後は社会学的、言語学的など多方面から人間をみることができたらと漠然と考えています。

人前に立つのが好きなので、それを活かすこともできたらいいなと思っています。

Q 読者にメッセージをお願いします。

勉強だけにならずに、部活動でも趣味でもいいので自分の好きなことを見つけて、それにも全力で取り組んでほしいです。また、友だちを大事にしてください。お互いに悩みがあったら支える、といういい関係を大切にしてほしいです。

※1 高座に上がるときにかかる曲 ※2 落語を披露する場

TOPICS

スマホアプリなどで自分に合った勉強方法を

高校時代は部活動（演劇部）をしていたので、あまり予備校に行く時間がなく、さらに3年生になるとコロナ禍になったので、予備校には行きませんでした。なので、受験勉強はおもに学校の自習室でしていました。そこで学校の先生が色々なアドバイスをしてくれたので、受験勉強を頑張れました。勉強後、帰り道で友だちとちょっとした話ができたことが息抜きでした。

いまはスマートフォンで勉強できるアプリが豊富で、私も苦手だった世界史や英単語が勉強できるアプリを使っていました。ほかにも、友だちと勉強時間を共有できるアプリもあるので、それがモチベーションになる人は試してみてください。

高校時代は演劇部に入り勉強と両立。文化祭ではクラス演劇の演出を務め、出演もした。

落語研究会では定期的に寄席を開催。内藤さんも「三鷹寄席」で落語を披露した。

大学の講義「実験付き自然科学入門」ではペットボトルロケットを作成し、飛ばして実験データを集めた。

ちょっと得する
読むサプリメント

ここからは、勉強に疲れた脳に、ちょっとひと休みしてもらうサプリメントのページです。
ですから、勉強の合間にリラックスして読んでほしい。
このページの内容が頭の片隅に残っていれば、もしかすると時事問題や、
数学・理科の考え方で、ヒントになるかもしれません。

The most Advanced Sciences Navigation 026

マナビー先生の

最先端科学ナビ

FILE No.026

超小型水力発電

身近な水を利用したクリーンエネルギー

いまSDGsに関する話題がとても多い。SDGsは国連サミットで「人類が安定してこの世界で暮らし続けることができるよう」採択され、2030年までの達成をめざしている持続可能な開発目標17項目だ。

その目標のなかに「エネルギーをみんなにそしてクリーンに」と「気候変動に具体的な対策を」の2つが掲げられているが、今回取り上げる先端技術「超小型水力発電」も期待をかけたい技術の1つだ。

いま再生可能なエネルギーとして注目を浴びているのは太陽光や風力だけれど、私たちが住んでいる日本には、エネルギー資源としての「水」が豊富にある。

台風や洪水など必要以上に雨が降って困ることもあるけれど、日本は世界的にみても降水量が多く水が豊かな国だ。

日本では、水の力をエネルギーに変えることが古来から行われており、江戸時代には水車小屋がいたるところに建てられていた。また近代ではダムを建設、そこにためた水を使って発電機を回し大きな電力を得るようになっている。

しかし、ダムを作ることは容易ではないため国家的なプロジェクトになり費用もばく大だ。昨今では環境への影響も大きいことが問題ともなってきた。

ダム以外に、豊富にある水を利用できる手立てはないだろうかと考えられ、注目されているのが、超小型水力発電だ。

東芝が作った「Hydro-eKIDS」は、水にわずか2m落差を与えれば発電できる。東京都世田谷区にある田園調布学園では、屋上に校内空調用の循環水がためてある。この水は空調の冷却時に熱交換器を通して屋上から地下のタンクへ冷却水（冬場は温水）として流し落とされる。田園調布学園は2005年、このエネルギーを水力発電に使い、ロビーの照明点灯を「Hydro-eKIDS」で実現した。

これまで大きなダムと、大きな発電所で作った電力は送電線で使用者に送られていた。じつは送電線を使って送ることも大変なコストがかかるんだ。小さな発電機なら設備も設置も容易なだけでなく、その場や直近で電力を使うことができる。送電線がほぼ不要、まさに地産地消だ。これ、すばらしい利点だね。

用水路に簡単に設置でき見直されている利便性

水路として思い出すものに農業用水がある。昔は水車小屋が立っていた場所だ。用水路は幅も深さも小さく、流れる水の量は多くないけれど、そんな狭い場所でも超小型の発

マナビー先生

大学を卒業後、海外で研究者として働いていたが、和食が恋しくなり帰国。しかし科学に関する本を読んでいると食事をすることすら忘れてしまうという、自他ともに認める“科学オタク”。

電機が活躍している。

株式会社協和コンサルタンツが開発した相反転方式落差型小水力発電装置は、2枚の逆回転するロータ（羽根）で発電機の外側コイルと内側磁石を逆方向に回転させることで、相対的に回転数が大きく増幅する。落差は1mあれば発電でき、小型、高効率の発電を実現している。コストのかかる、水路をせき止めて高低差を作り出す落差形成工事が不要で、自然の水流に近い状態で発電でき、様々な河川や小さな水路に対応できるのも魅力となっている【写真】。

超小型のため、台風、暴風雨などが予想されるときは撤去して装置を守ることも容易だ。

水をパイプに通す従来の発電機では、水車に藻（も）やごみが絡まることが、稼働率を下げる要因になっていた。それらの弱点も改良され、稼働率も上がってきている。メンテナンスが容易なのも重要な特徴だ。

富山県南砺（なんと）市の倉田元次さんが制作した水力発電装置は繊維強化プラスチック（FRP）でできているので軽くて丈夫だ。

発電装置は長さ1.5m、直径40cmほどのパイプに赤いらせん水車を内蔵している。らせん型なのでゴミ詰まりにも強いという。軽い装置なので取り外してのメンテナンスや移動も簡単。この水車で1家庭分の電力を作ることができるという。

工場内でも超小型発電機は活躍している。例えばトヨタ自動車の工場内の排水パイプのなかにも設置されていて、工場内の電力の一部が賄われている。工業用水はかなり大量だから、年間に発電できる電力量も大きなものだという。

国内では、このところ自然災害が多い。そんなとき本当に困るのが停電だ。

小さな水路と、超小型水力発電機があれば、災害時にも電力を得ることができる。太陽光発電は昼間、天気のよい時間帯に限られているけれど、超小型水力発電の場合は、水路に水が流れてさえいれば、1日中、24時間発電することができる。緊急時にはとても助かるよね。

いま日本の超小型水力発電の技術は世界でも注目を集めている。SDGs達成にも貢献できるといいね。

協和コンサルタンツが開発した相反転方式落差型小水力発電装置。落差は1mあれば発電できる。写真は幅70㎝の小さな水路に設置された例。（写真提供・同社）

ときは別の式になる。

ラム：入力の時にscanfというものを使うみたいですね。その右側に＆と書いてありますよ。これはなんですか？

らくらく先生：いいところに気がついた。Cをメインに使っていこうとしているみなさんは、この＆を忘れてしまいがちなので注意が必要だ。これを書き忘れるだけでプログラムが暴走する。暴走してもコンピュータが壊れるわけではないけれど、あまり気持ちよくないよね。プログラムを作っていて暴走することがあったときはここを見返すといいよ。

この＆は入力する変数の場所を教えているのだけれど、必ず気をつけて使っていこう。

ログ：ということは、Cは使わない方がいいのでしょうか？

ラム：暴走するようなプログラムができてしまうのは嫌だなぁ。

らくらく先生：君たちが作るプログラムではそんなに難しいことはしないので、ちょっと気をつけさえすればほかの言語より簡単な部分もあるから、そう気にする必要はない。

Cの細かい部分もWebページの方に注意することと使い方を載せているので、見てほしい。

言語に一長一短はある Pythonでは変数定義は簡単

らくらく先生：次はPythonの話だ。**【表1】**の真ん中だね。こちらは変数の定義などは簡単だ。基本的には整数、実数の違いを気にする必要はない。普通に数学を勉強しているように数値を扱っていけばいい。データの表示自体も気にしないでprint文のなかに変数名を書けば表示してくれるから楽だね。

ログ：変数への入力のところには、

data = int (input (“数値:”))

と書いてありますね。これを説明してください。

らくらく先生：Pythonで用意されているinputという関数はキーボードから入力したものをそのまま文字として受けつけて、変数に入力してくれる関数なんだ。

例えば10という数値を入れたつもりでも、文字として「10」が入ってくるようになっているんだ。文字を入力する場合はこれでいいのだけれど、数値計算をしたいときには困るよね。そこで出てくるのがint()関数だ。先ほどCのときに説明したものと同じintだね。文字列として入力したものを整数に変換してくれるんだ。変換した結果を実数にしたいとき、例えば12,345なんて入力したときはfloat()を使って文字を実数型にするんだ。

ラム：int()や、float()を使わないで計算するとどうなるの？

らくらく先生：じゃあ、以下のプログラムを見てほしい。

```
data1 = input("数値１ ：")
data2 = input("数値２ ：")
data3 = data1 + data2
print(data3)
```

Pythonを使って２つの数値を入れたつもりになっているんだけど、data1とdata2を足しているわけ。結果をみてみると、例えばdata1に10、data2に20を入れてみると、1020になってしまう。そのまま文字列がつながって表示されているだけだ。これは文字列を足しているだけなので、数値としては足していないわけだね。

ラム：Scratchではどうなんですか？記号を選択してくるだけなので、簡単そうですけれど。

らくらく先生：そうだね。CやPythonではプログラムは文字をキーボードから入力して入れていくのでしっかりとキーワードを覚えておく必要がある。

例えばCで表示に使う関数はprintfという関数だけれど、これをprintと間違ってしまうだけでエラーになる。英単語を覚えるようにしっかりと記憶しておく必要があるね。

英単語みたいだけれど、単語数はものすごく少ないから大丈夫。中学で勉強する英単語は、いま1600～1800語程度といわれているけれど、プログラムで使う単語はそんなに多くない。Scratchでは覚えなくていいけれどPythonで入力するときにdata=int(input(“数値:”))と書いたように、いくつかの記号を使って合成する必要があるので「慣れ」はどの言語でも必要だということだね。

ラム：それぞれの特徴を活かしながら楽しみたいと思います。今回も宿題はありますか？

らくらく先生：今回勉強した入力のところを使って四則演算を必ず試してほしい。

とくに割り算をしたときにはどうなるかをしっかりと確認してほしい。

前回と今回でプログラミングの大きな流れがつかめたはずだ。

いままでは順次構造だけだった。次回はいままでと違って、残りの制御構造が始まるよ。ここまでの部分は、なにも見なくてもできるようにしておかないと、本当のプログラムを作るのが大変なので、何度も練習してほしい。

このページは81ページから読んでください。

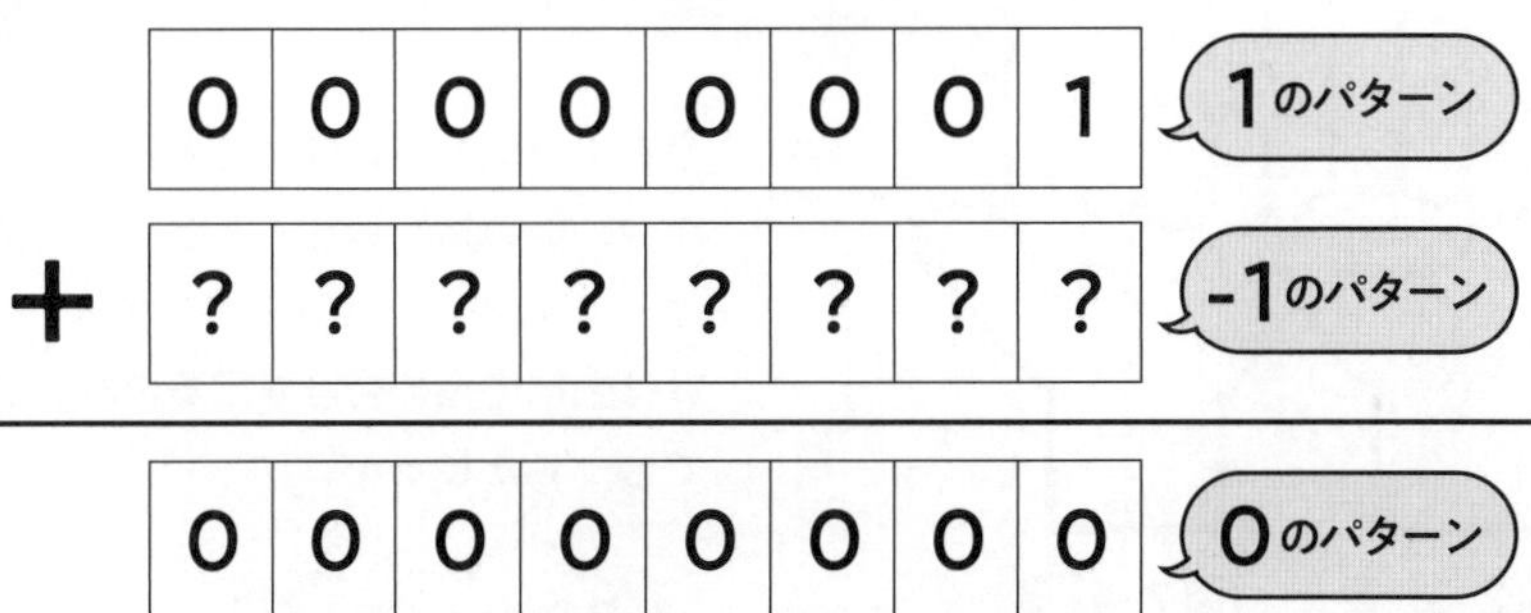

【図5】1+（−1）

考えられているんだよ。【図5】にヒントを書いておくよ。ビットパターンだけを見て－１を考えられるかな？

３種の言語によって入力の仕方はちょっと違う

らくらく先生：２進数のおさらいが終わったので、これからは数値などを入力する方法について簡単に説明するよ。

前回までは変数に数値を代入して計算をしていたよ。これだとプログラムを組んだときの値でしか計算ができない。ちょっとつまらないよね。１と２を入れたら合計が３に、３と４を入れたら合計が７に変化するようにしたいよね。

その方法を学ぼう。前回までの表示についての確認も含んでいるからね。【表１】に各言語の使い方をまとめておいたので見てほしい。それぞれの使い方についてはいつものようにWeb上のプログラム説明に詳しく書いておくので、プログラムを実行しながら確認してほしい。

また、この誌面では自分が選んだ言語だけでなく、ほかの言語も簡単に見ておいてほしい。きっと理解が広がると思うよ。

ログ：今回の部分を理解できると、前回勉強した計算についても実行するときに数値などを変更できるようになるということなんですね。

らくらく先生：その通りだよ。やっとコンピュータらしくなるね。

では、まずＣ言語のプログラムから見てみよう。Ｃっていうのは、以前説明したように、1970年代にできた古いプログラム言語だ。もともとコンピュータを動かすためのプログラムを開発するために作られた経緯があるので、細かいところまで制御できるけど、その半面、普通に使うのは少し気をつけなければならない部分がある。

しかし、コンピュータを制御する細かいことまでできるし、この誌面で取り扱っているなかでは一番高速なプログラムを作ることができるよ。

ラム：【表１】Ｃの、変数定義のところにint data;と書いてありますよね。これはなにを意味しているんですか？

らくらく先生：他の言語では変数の定義のところにはdataとあるだけで、とくになにもないよね。前々回コンピュータの内部では整数と実数が違って扱われると話したと思う。Ｃで変数を定義するときには整数を表す「int」という言葉を使うんだ。

ログ：「int」って、なにかの略なんですか？

らくらく先生：intはintegerの略だ。英語でintegerというのが整数という意味なんだよ。実数で変数を定義するときはdoubleまたはfloatという言葉を使って定義するんだ。

表示のところで%dと書いてあるのも表示する変数が整数だといっているんだよ。表示するものが実数の

表１：変数定義、代入、表示、入力

機能	C	Python	Scratch
変数定義	int data;	data	data
変数への数値代入	data = 1;	data = 1	data▾ を 1 にする
変数の表示	printf(“%d” , data);	print(data)	変数 data▾ を表示する
変数への入力	scanf(“%d” , &data); ＊1	data = int(input(“数値 :”)) *2	データ２の数値は と聞いて待つ data2▾ を 答え にする

＊１：整数として入力
＊２：単に input を使用すると文字になるので、int() を使用して整数にしている

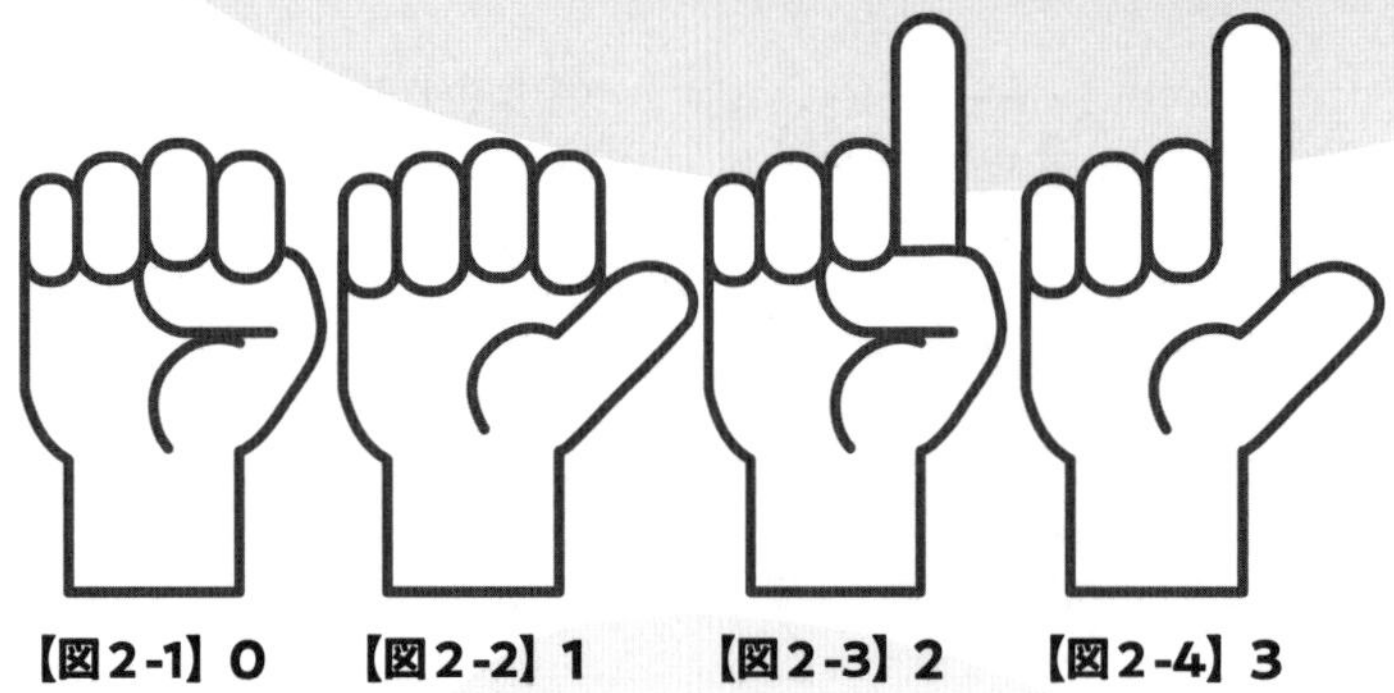
【図2-1】0　【図2-2】1　【図2-3】2　【図2-4】3

ラム：だからゼロの状態**【図2-1】**なのね。

ログ：この状態から数えていこう。親指を立てた状態**【図2-2】**が1を示している。親指を立てることで、親指のデータ1が有効になるわけだね。次の2は親指をたたんで人差し指を立てた状態**【図2-3】**だ。

ラム：親指に1を加えると、2になるけれど、2進数だから、桁上がりが起こり、親指のデータはなくなり、人さし指のデータの2が有効になるのね。

らくらく先生：そう、そう。

ラム：1に1を足したから繰り上がって2になったことを人さし指が示しているのね。

ログ：**【図2-4】**を見るとそれがよくわかるよね。**【図2-3】**の状態では親指がたたんであるので、1を加えると親指が立っていくんだね。

ラム：おもしろい。**【図2-4】**の状態は親指と人さし指が立っているので、その次の4にするために1を加えると親指がたたまれて、繰り上がり、同様に繰り上がったデータで人さし指もたたまれて、中指が立つのね。

ログ：指を立てたり、下げたりするのを間違えそうだけれど、ほんとおもしろい。

らくらく先生：2人とも、しっかり理解してきたね。じゃあ、最終的にはいくつまで片手で数えられるのかな。

ログ：1,2,3,4,5……。おもしろいけれど大変だ。31かな？　指の上げ下げが間違っていないかな？

ラム：31が正しいかどうかを調べるには、なにかいい方法ないかな？

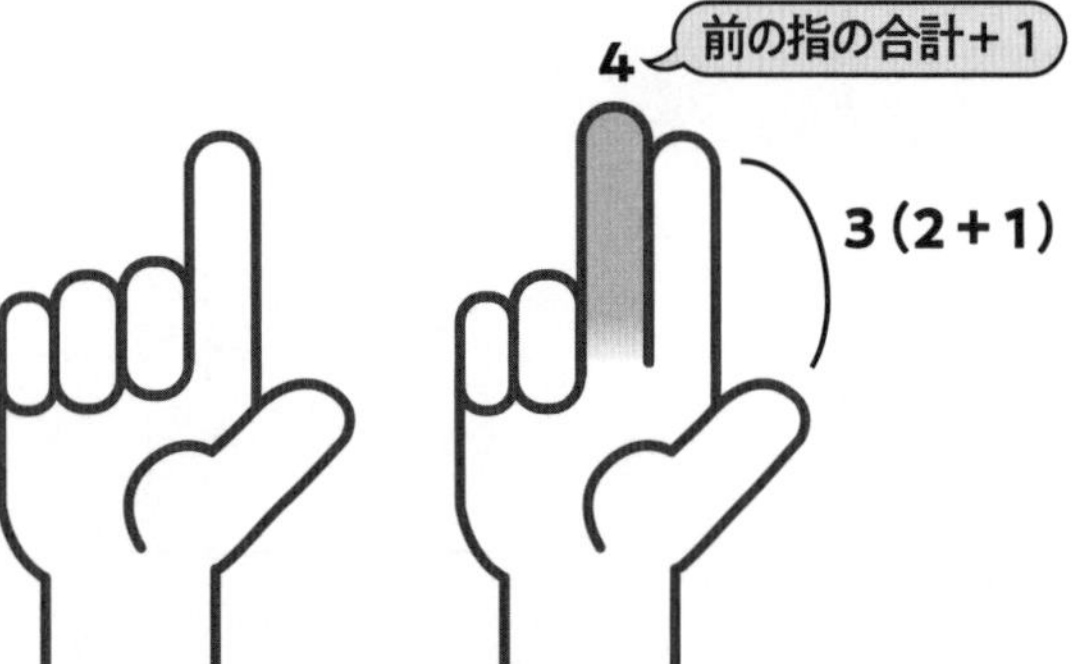

【図3-1】3　【図3-2】次の指との関係

らくらく先生：**【図3-2】**を見てごらん。「次の指は前の指の合計＋1だ」ということがわかるよね。

ログ：全部数えなくても次の指を考えれば、その指の値から1を引けばいいんだね。

ラム：**【図4】**に書いてみるわね。1つ、仮の指を追加すると、その値は32になる。だから、32から1引けば全部の指の合計が出るのね。31で合ってたじゃない！

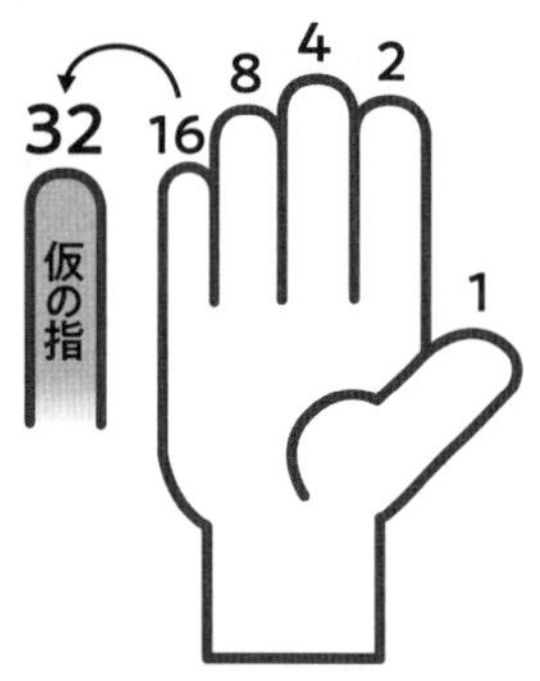

【図4】指と値

ログ：やったぁ。なんかすっきりしたなぁ。これまで片手では5までしか数えられないと思ってたけど、指に値をつけるというアイディアで、片手で31まで数えられるんだね。

マイナスの値はいまは考えなくていい

ラム：2進数はおもしろいわね。ところで、ちょっと質問があるけれど、先生！　いいかしら。2進数の整数を勉強してきたけれど、マイナスの値が出てきてないじゃない。マイナスはどうやって扱うの？

らくらく先生：すごくいいところに気がついたね。マイナスの値について、どうやったらいいかは、これから先、色々な方法を考えつくんじゃないかな。

ちょっと難しいので、いまは説明はしないけれど、ラムさんのように興味がある人は『2の補数』という言葉で検索をしてみてほしい。

1と－1を足せば0になるよね。ビットごとの計算をすると、ビットパターンが0（すべてのビットが0）になるようにビットの作り方が

79ページ本文につづく➡

for 中学生
らくらくプログラミング

プログラミングトレーナー　あらき はじめ

第4回

中学校では「技術・家庭」の授業のなかで、プログラミングを学んでいます。高校に進むと実際のプログラミングを通じて、社会に出てからのスキルとなる力をつけていくことになります。

この誌面では、高校のプログラミング授業を先取りする形での連載講座を始めました。みなさんは将来、プログラミングでの学びを必ず問われるようになります。さあ、基礎から始めましょう。

あらき はじめ　この春まで大学でプログラミングを教えていた先生。「今度は子どもたちにプログラムの楽しさを伝えたい」と、まだまだ元気にこの講座を開設。

画像：Turn.around.around/ PIXTA

今回はプログラム作りの第一歩です。プログラム作成のスタートでつまずきそうな問題を、ラムさん、ログくんの疑問に、らくらく先生が答えながら、解説していきます。

解説部分は右のQRコードからWebページ【第３回】に入れば、誌面とリンクした内容で、さらに学びを深めることができます。
URL:https://onl.bz/y8vs8aq

２進数はおもしろい 宿題クイズは解けたかな

らくらく先生：こんにちは。今回も元気に勉強していこう。

ログ：はい、まだまだわからないことがいっぱいですが、新しいことを知るのは楽しいです。

ラム：前回は２進数の話、おもしろかったわ。最後に「片手でいくつまで数えられるか」というクイズが出ていたわね。

ログ：片手では５までしか数えられないけど、勉強した２進数を使って考えたらどうかなって、考えてみたけど難しかった。

らくらく先生：よく気がついたね。**【図１】**を見てごらん。親指から人さし指、中指をそれぞれビットだと思って見てみると、それぞれの指に

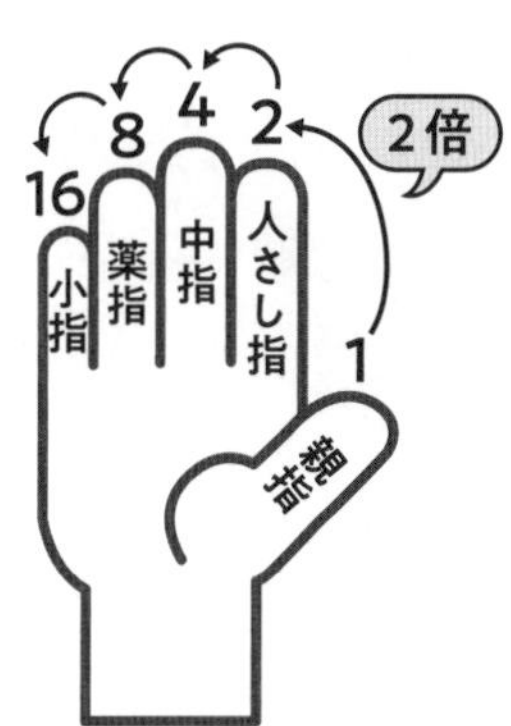

【図１】指と値

数値が割り振られているのがわかるよね。これを理解していけば、**【図２】**の手、４つを見ても、なにをしているか察しがつくよね。

ログ：グーの状態はすべての指がたたまれているので、各ビットのデータは使われない状態だ。

なぜなに科学実験室

このページは身近な事象に興味を持ち、「これ、なんで？」と、不思議を見逃さず「実験で試してみよう」と、観察、確認を促すページです。

それが、みなさんの科学の種への「気づき」と「発見」につながっていくと考えるからです。

今回は、身近にある紙を集めて「水に強い紙」を探す実験です。

「水に強い」とは、耐水性といって水を通さない性質をさしますが、どのようにしたら、紙の耐水性を調べることができるでしょうか。

まずは、そこから考えてみましょう。

実験の作戦ができたら、家のなかにどんな紙があるのか、探してみましょう。

ここでは５種類の紙で実験しています。

身近な紙、水に強いのは？

こんにちワン。この科学実験室の管理人、ワンコ先生です。

さあみんな、お家のなかでいくつかの違う種類の紙を探してきてくれたかな？　ワンコ先生は左ページの５種類の紙を持ってきたよ。

この紙が、水に強いかどうかを調べるにはどうしたらいいかな。ワンコ先生は紙コップ２つで、調べる紙を、ギューっとはさみ込んで、そこに水を注ぐ方法を考えたよ。

ワンコ先生

1 用意するもの１

❶水差し（水が入っています）
❷紙コップ（10個程度）
❸敷物（ビニール製）
　※テーブルをぬらさないため。
　　ゴミ回収袋でも可
❹カッター

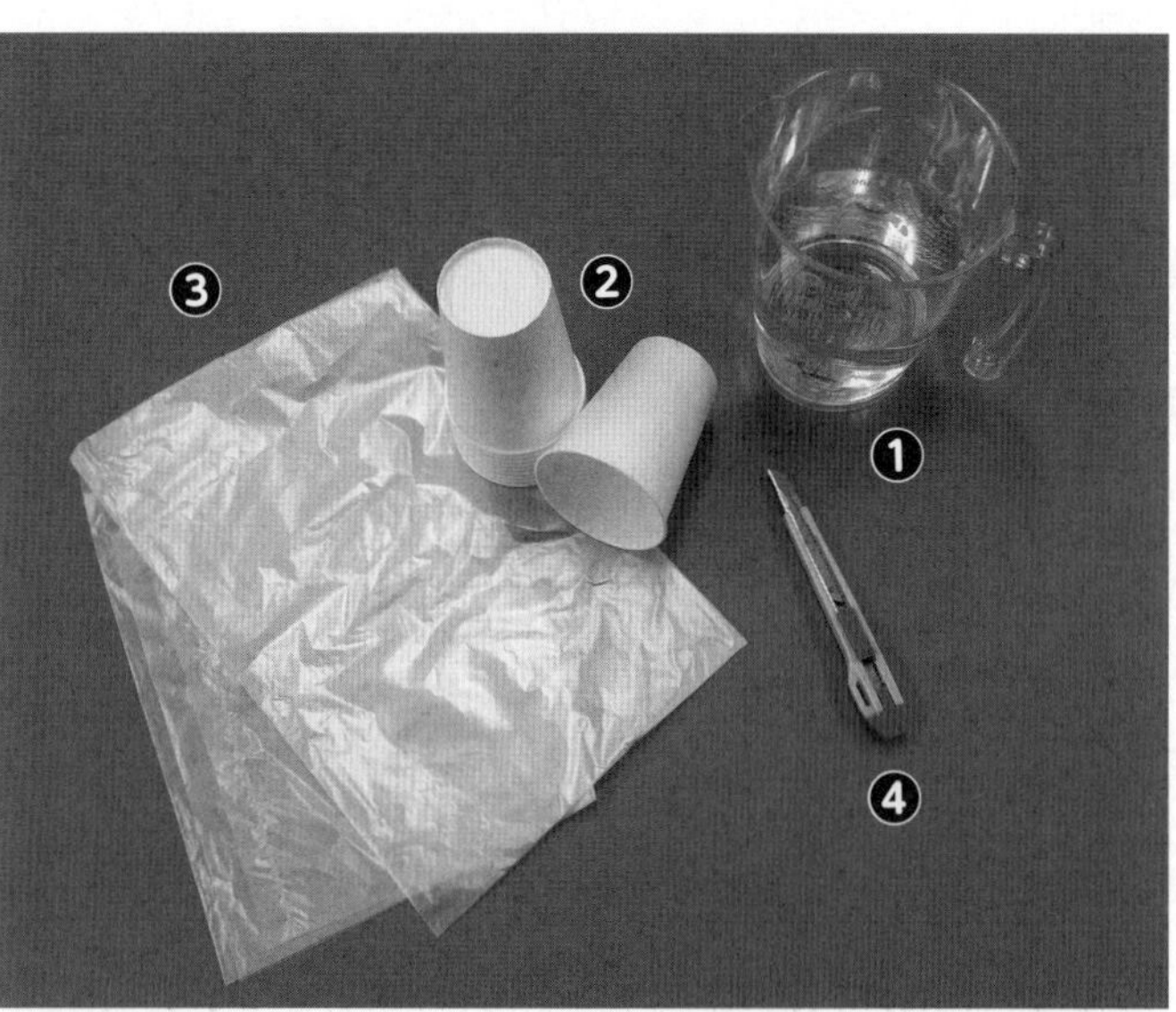

2 用意するもの 2

種類の違う紙を探します。ここでは
Ⓐティッシュペーパー　Ⓑ新聞紙
Ⓒコーヒーフィルター　Ⓓコピー用紙
Ⓔ不織布マスク
※それぞれ下のように15㎝辺程度にカットします

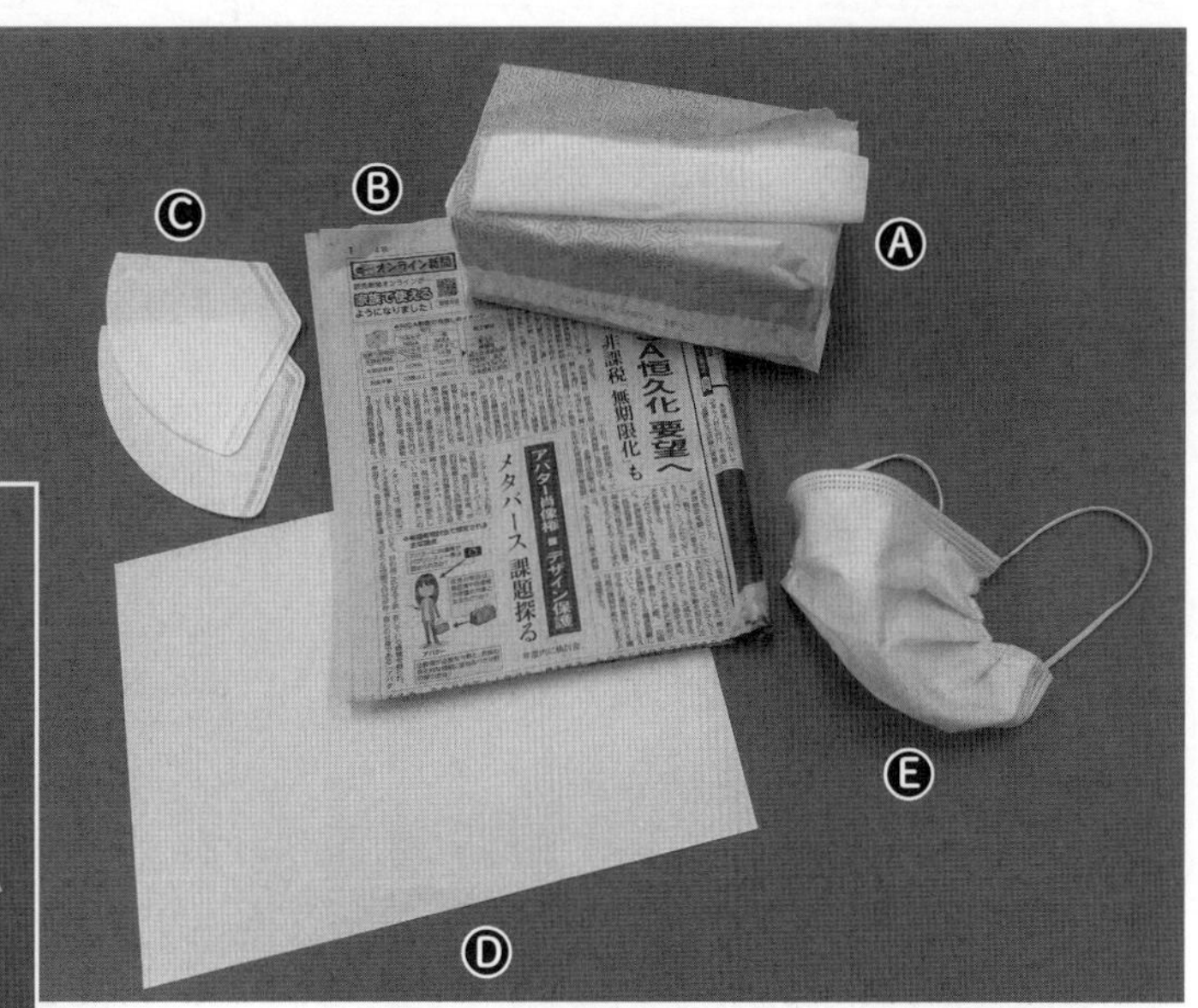

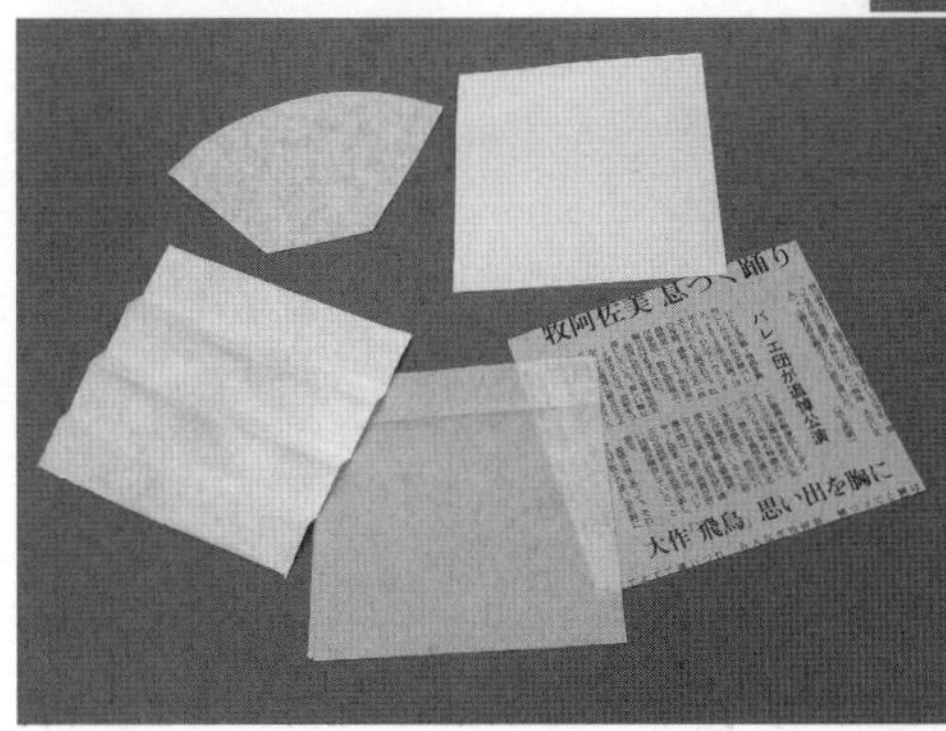

3 紙コップの底をくり抜く

紙コップの底をカッターでくり抜きます。2個で1組として使います。用意した紙が5枚なら、10個の紙コップが必要です。

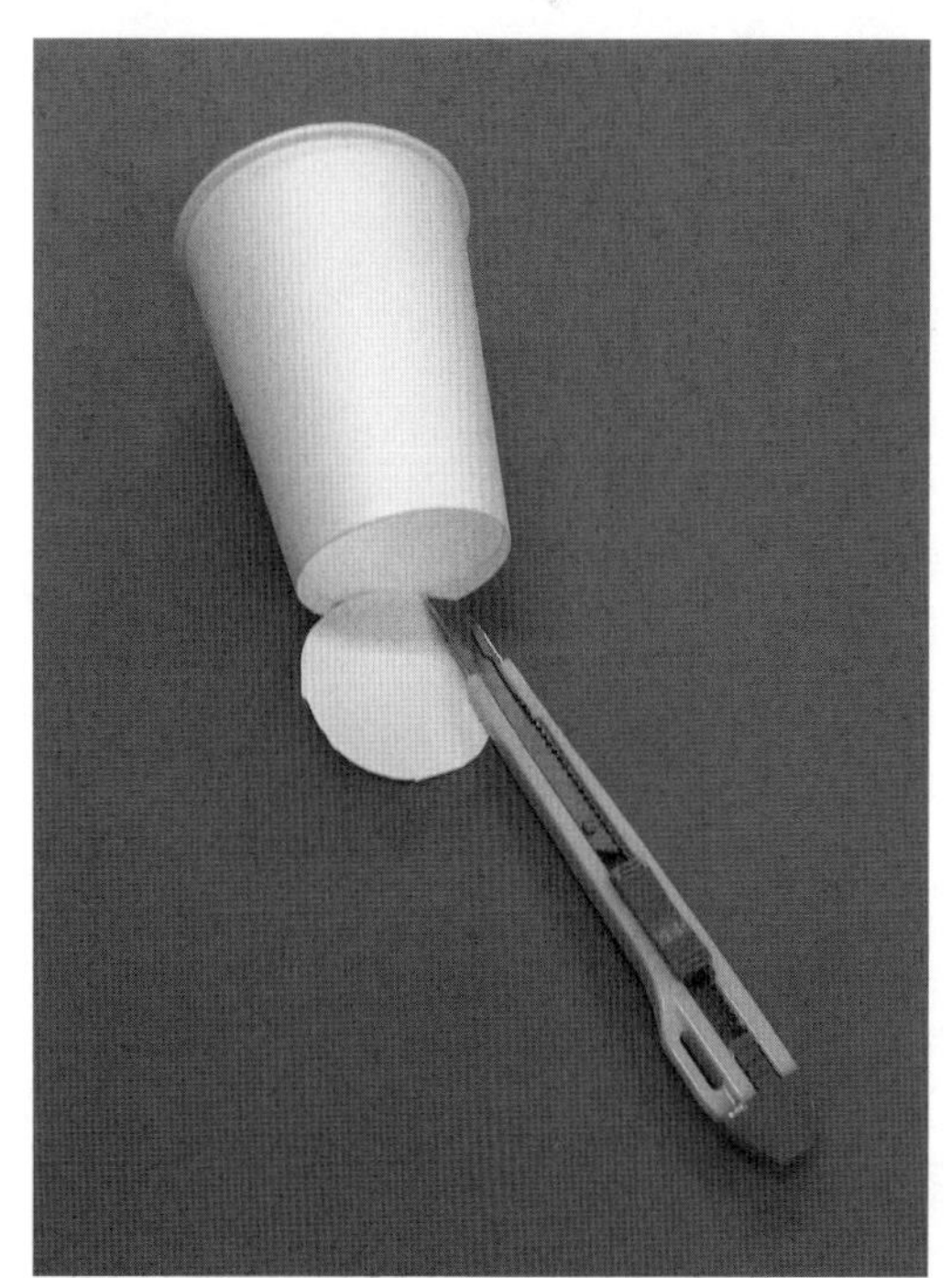

4 実験する紙をはさみ込む

1つの紙コップの底に、実験する紙1枚の中央を押しつけ、もう1個のコップで、強くはさみ込みます。

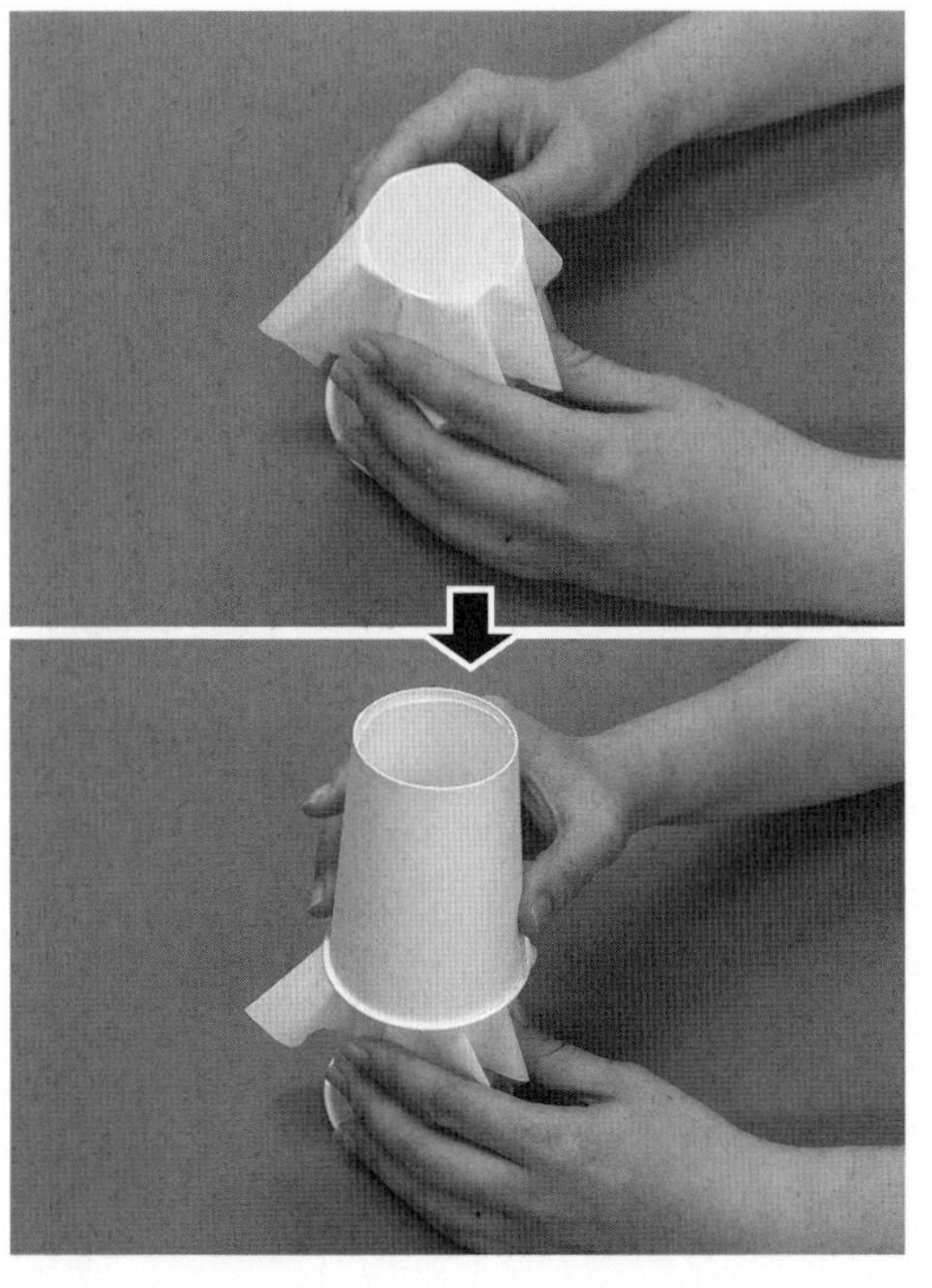

5 紙をはさんだコップに水を注ぐ

Aのコップの底に高さ１㎝ほどの水を注ぎます。ここではわかりやすくするため、水に色をつけてあります。

6 ティッシュはすぐに水を通した

Aのコップにはさみ込んだのはティッシュペーパーでしたが、水を注ぐと同時に水は漏れ出してしまいました。B、Cもすぐに漏れ出しました。

7 うん？ コピー用紙はなかなか強い

Dのコップの底にも同様に高さ１㎝ほどの水を注ぎます。これはなかなか水は漏れ出しません。はさみ込んであったのはコピー用紙でした。

8 頑張ったコピー用紙も８分でKO

なかなか水漏れは起きなかったコピー用紙のコップですが、ついに８分経過と同時に水が漏れ出してしまいました。

9 最も粘り抜いたのは不織布だった

Eのコップの底にも高さ1㎝ほどの水を注ぎました。しかし、不織布をはさみ込んだ、このコップはまったく水漏れの気配がありません。

10 なんと3時間45分の最長不倒記録

不織布のコップの水が漏れ出したのは、なんと3時間45分後、しかも少量ずつ。文句なしの最長不倒記録、チャンピオンです。すごい！

解説 紙にもそれぞれに特徴が

耐水性に優れていたのは断トツで不織布

身近にあった紙のうち、5種を試してみましたが、最も強かった、つまり耐水性に優れていたのはEの不織布マスクから切り取ったものでした。じつに3時間45分も耐え続け、漏れ出した水も少量でした。2番手はDのコピー用紙で、水が漏れ出すまで8分かかりました。

ほかは似たり寄ったりで、ティッシュペーパーなどは水を注いだ先から漏れ出してしまいました。

さて、Dのコピー用紙が他紙に比べて耐水性に秀でていたのは、コート紙とも呼ばれる特殊な加工がなされているからです。コピー用紙は、狭いコピー機内で素早く引き出され、高速で180度近く反転することもあります。また2枚送り防止のためにも、耐久性と滑りのよさが加えてあるのです。保管中の湿気を嫌うため耐水性も加えられているそうです。

通気性があって水を通しにくいのが利点

Eの不織布は、このコロナ禍で、マスクとしての使用が推奨され、みなさんにもおなじみの存在になったことでしょう。

不織布は、化学的作用により繊維を接着または絡みあわせた薄いシート状の布のことをいい、まさに“織らない布”です。

ですから、極めて紙に近い質感を備えていますが、厳密には紙ではありません。

通気性がありながら耐水性、吸水性にも優れ、安価で加工がしやすいことから、使い捨てを前提とした製品で広く利用されています。

原料によって様々な機能を追加できることから、衣料用として普及、工事現場などの防塵（ぼうじん）マスクのほか、とくに医療用でも幅広く利用されるようになりました。

不織布の優れた性質は、小さい穴が無数に空いた構造（ポーラス構造、多孔質体）からきています。

今回のコロナ禍で、不織布が布製などに比べて、強く推奨されたのは、通気性がありながら水分を通しにくいことが、咳やくしゃみによる飛沫の拡散を抑えるフィルター機能が優れていることからでしたが、今回の実験で、これほどまで、水を通しにくいことに、みんなも驚いたのではないでしょうか。

動画はこちら▶

それぞれの紙に水を注いでいる様子は、こちらの動画でご覧ください。

そうだったのか！

中学生のための経済学

山本 謙三
オフィス金融経済イニシアティブ代表、前ＮＴＴデータ経営研究所取締役会長、元日本銀行理事。

財政再建はなぜ大切なのか

「経済学」って聞くとみんなは、なにか堅〜いお話が始まるように感じるかもしれないけれど、現代社会の仕組みを知るには、「経済」を見る目を持っておくことは欠かせない素養です。そこで、経済コラムニストの山本謙三さんに身近な「経済学」について、わかりやすくお話しいただくことにしました。今回は、財政再建の重要性についてのお話です。

現在、日本の財政は先進国のなかで最悪の状態といわれています。財政とは、国や地方公共団体が公共事業や社会保障などの活動を行うために、収入を得て、資金を管理し、支出する経済活動をいいます。では「財政状態が悪い」とはどのようなことでしょうか。

日本の財政は「最悪の状態」

財政の収入と支出の差を「財政収支」と呼びます。「財政黒字」は収入が支出を上回る状態、「財政赤字」は逆に支出が収入を上回る状態です。財政赤字が見込まれる場合、国債や地方債を発行してお金を借り、不足を穴埋めする必要があります。これら債券は、１年後、10年後といった、あらかじめ決められた日に借金を返済する（＝債券を償還する）義務があり、そうした借金を「債務」と呼びます。「財政状態が悪い」とは、過去からの財政赤字の累積である債務残高が国の経済規模に比べ過大であることをさします。

国際通貨基金（ＩＭＦ）の「世界経済見通し（２０２２年４月）」によれば、日本の一般政府の債務残高は２０２０年末時点で約１４００兆円となり、国内総生産（ＧＤＰ）に対する比率は２５９％の高率に達しています。アメリカが１３４％、イギリスが１０３％、ドイツが69％なので、日本が抱える借金残高の大きさがわかります。「先進国のなかで最悪」とは、この比率の高さを意味します。なお、この統計の一般政府とは中央政府（国）だけでなく地方政府（地方公共団体）を含みます。

日本の財政は、戦後20年近くは「均衡財政主義」と呼ばれる考え方に基づき、収入と支

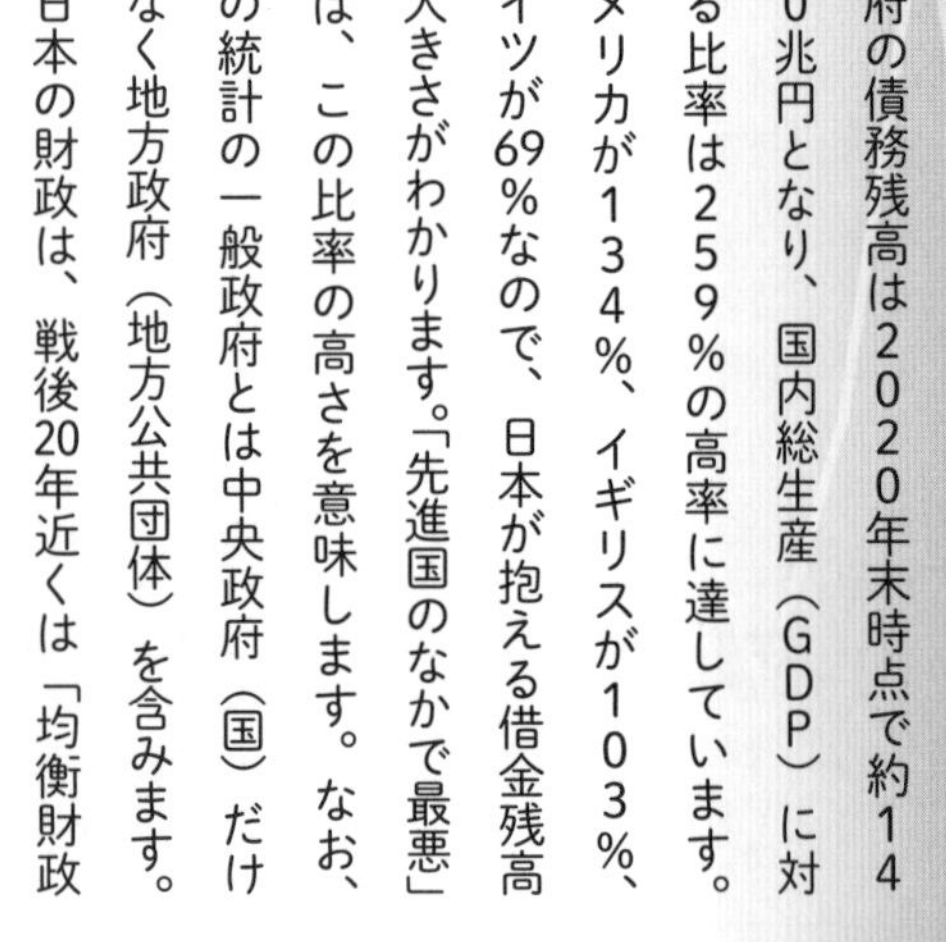

出がほぼ等しくなるように運営されていました。その後、1966年度になって初めて建設国債が発行されました。建設国債とは、道路や橋などの社会インフラの建設費用を賄うための国債です。国の借金であることに変わりはありませんが、子や孫の世代もこれら社会インフラを利用することになるので、返済の一部をこの世代に負担してもらっても問題ないと考えられたものでした。

　さらに1975年度には、赤字国債が発行されるようになりました。赤字国債は、文字通り収支の不足を穴埋めするためのもので、いまを生きている世代が公共サービスを受けるために借りたお金の返済を、子や孫の世代にも一部負担してもらおうとするものです。

©GlobeDesign/PIXTA

　日本では、1990年代なかば以降、赤字国債が急増しました。このころから働き手の中心となる生産年齢人口（15～64歳）が減り始めた一方で、高齢者の人口（65歳以上）が増加を続けてきました。生産年齢人口が減れば、所得税などを納める人数が減少し、税収が伸び悩みます。また、高齢化が進めば年金や医療、介護などの支出が膨らみ、財政状態は悪化に向かいます。悪化を避けるためには、本来、新たな税金を導入したり、支出を抑えたりする必要があります。しかし、いずれも国民に不人気の政策となるため、政治はこれを極力避け、国債の発行に頼ってきたのです。

財政規律を守ること

　では、財政状態が悪いとどんな不都合があるのでしょうか。第1に、負担の先送りは、将来の経済成長の制約となることです。ただ、これには反論もあります。将来、国債の償還のために子や孫の世代が新たな税金を課されるとしても、国債が国内で保有されている限り、お金は国の内部にとどまります。国民全体でみれば収支は差し引きゼロ、すなわち国民による税の支払いと、国内にいる国債保有者の償還資金の受け取り額は等しくなるはずです。しかし、国債の8％程度はすでに海外の投資家によって保有されています。また国債が償還されるのは、国債を保有しているか、もしくはそれを相続した富裕層などが対象となり、多数の国民から特定の国民に所得が移ることを意味します。相続の有無などで格差が大きく広がることは人々の勤労意欲をそぎ、経済の健全な発展を阻害しかねません。

　第2に、非効率な財政支出が増え、財政状態をますます悪化させることです。財政を秩序正しく運営し、収支のバランスを保つことを「財政規律」といいます。いったん財政規律が失われると、効率の悪い支出が増えがちとなります。お金に余裕があると錯覚すると、ムダな支出に歯止めがかかりにくくなるのは、国も家計も同じなのです。

　第3に、高水準の債務残高が長く続けば、いずれ国としての信用が失われ、経済が立ちいかなくなる恐れがあります。努力なしに永久に国債を発行し続けられるような、うまい話はありません。国が信用を失えば為替相場が下落し、物価が高騰します。巨額の財政赤字と高インフレの併存は、過去多くの国が経験してきたことです。

　財政赤字を減らし、債務残高の増加に歯止めをかけることを「財政再建」と呼びます。若い世代の負担を軽減するためにも、日本は財政再建を急がなければなりません。

淡路雅夫の

中学生の味方になる子育て 第3回
楽しむ 伸びる 育つ

profile 淡路雅夫（あわじ まさお） 淡路子育て教育研究所主宰。國學院大学大学院時代から一貫して家族・親子、教育問題を研究。元浅野中学高等学校校長

学校行事はなんのため 生徒の成長を促す機会に

今回は、学校行事の目的と子どもへの影響についてお話ししてみたいと思います。

子どもたちは、学校行事を楽しみにしています。その学校行事は子どもたちにとって、どんな意味があり、その成長にどのようなメリットを与えているのでしょうか。

それぞれの学校では、体育祭、文化祭、修学旅行、海外での語学研修、スポーツ大会、林間学校、スキー教室、合唱祭など、多くの行事が行われています。

子どもたちは楽しいイベントだと考えていますが、学校側はこれらの行事が「楽しいだけ」のイベントでは終わってほしくない、と考えています。

ですからお父さん、お母さん方は、学校説明会や学校見学会に行かれたとき、これらの学校行事から生徒はなにを学んでいるか、という視点で学校の話を聞いてほしいのです。

学校行事は多様な仲間と協働して行うところに意味があります。それぞれの行事は班やグループに分かれて行われますから、生徒それぞれが企画や意見を持ち寄り、互いに譲るところは譲って調整をしなければ、満足した行事は実現できません。実現までには、様々な問題が起こります。意見や考え方の異なる友だちとの話しあいや情報を交換することも必要になります。

意見交換がうまくいかない場合は、生徒個々の問題解決力が必要です。課題が出てくれば、みんなで知恵を出しあって改善していかなければなりません。そこに、行事を行う意味があるのです。

学校行事は、その実践過程での気づき、互いを尊重しながら考えることでの学びが、教室での授業よりも多くあります。その内容は生徒１人ひとりによって異なることも、お父さん、お母さんは知っておいてください。

学校行事から得られるものには、うまくいったときの感動、失敗した苦悩を乗り越えたときの友だちとの喜びや連帯意識、行事を行ううえで支えてくれた人への感謝の気持ちなどがあります。それらは、授業で得た知識とは異なって、体験から得るものですから、いつまでも子どもの心に残り、忘れられない生きるためのエネルギーになります。

目的を定めて成果を出す ある高校のスキー教室

学校行事が生徒の自律につながっている具体例として、ある私立高校のスキー教室のお話をしましょう。

１月になると１年生全員がスキースクールに入ります。１チーム４、５人の班で３泊４日の間、毎日同じインストラクターが基礎をしっかり指導して、転んでも休んでいるひまのない１日が過ぎていきます。

その甲斐あって最終日には、ほとんどの生徒が基礎的な滑りができるようになります。

スキー教室から戻ってくると、休日を利用して家族でスキーに出かける生徒も出てきます。２年目になると、前年と同じスクールに入り、１年目のデータを参考に班を作り直し、それぞれの発達に応じたスキー教室が再び展開されます。基礎をやり直す生徒もいますが、多くの生徒は成長に応じてステップアップし楽しくスキーができるようになり、生徒の満足感も高くなります。

スキー教室から帰ると家族と行くことはもちろん、今度は生徒同士でいっしょに、スキー場に出かける者も出てきます。

スキー教室の目的は、スキーを通して自分で企画し自主的・主体的に行動できるように鍛錬することも目的の１つですから、このような事例はその目的に沿った成果に見合ったものといえます。

この学校のスキー教室の費用は、少し高めです。その理由は、１人のインストラクターに預ける班編成の人数が少ないからです。でも、生徒や保護者の満足感は、とても高いようです。楽しく滑ることができるようになり、スキー教室で培った主体性と充足感は、生活面や学習面にも活かされていくからです。

学校行事は、子どもの発達に応じて、その体験からなにに気づかせ、考えさせるかが大切です。

とくにグローバル社会に必要なことは、人との出会いと学びあいです。

子どもに自分でできることを気づかせ、元気に生きる力を学ばせる学校行事について、ご家庭でも少し考えてみませんか。

次回は、偏差値と子どもの能力の関係を中心にして、受験の意味を考えてみたいと思います。

〈つづく〉

PICK UP NEWS
ピックアップニュース！

第26回参議院選挙で、当選確実の候補者名に花をつける岸田文雄首相（自民党総裁）（2022年7月10日、東京都千代田区）写真：時事

今回のテーマ

第26回参議院議員通常選挙

第26回参議院議員通常選挙は、7月10日に投開票が行われました。参議院議員の任期は6年、定数は248議席で、半数が3年ごとに改選されます。

今回の選挙で、自民、公明の与党は改選過半数の63議席を大幅に上回る76議席を獲得しました。この結果、非改選議席を合わせると、自民党は119議席、公明党は27議席で、与党の合計は146議席となり、全248議席の58％を超えました。とくに自民党は改選数1の1人区で28勝4敗と、圧倒的な強さをみせました。日本維新の会も15議席から21議席に大きく躍進しました。これら与党に憲法改正に前向きな日本維新の会の21議席、国民民主党の10議席を足すと、改憲勢力は177議席となり、憲法に規定されている改正の発議に必要な各院の総議員の3分の2を大きく上回る7割強の議席を獲得したことになります。

一方の改憲反対の立憲民主党は17議席を獲得したものの、非改選議席を含めると39議席となり、選挙前の45議席から6議席も減らしました。共産党も13議席から11議席に後退しました。

女性議員の当選者は35人で、過去最多の28人を大きく上回りました。逆に新人の当選率は9.6％で前回の15.3％から大幅に下がりました。投票率は52.05％で前回より3.25ポイント上がりましたが、戦後4番目の低さです。

今回の選挙は、新型コロナウイルスの感染拡大、ロシアによるウクライナへの軍事侵攻といった情勢のなかで行われました。コロナ対策や安全保障問題、さらには物価問題などが焦点とされましたが、岸田文雄（きしだふみお）内閣発足後の初の国政選挙でもあり、同内閣への信任を量る意味もありました。また、投開票日の2日前に、選挙遊説中の安倍晋三（あべしんぞう）元首相が銃撃されて死亡するという事件が起き、選挙への影響も懸念されました。

衆議院でも自民、公明、維新、国民民主の改憲勢力は7割を超えていることから、岸田首相は憲法改正に積極的な姿勢を示しています。しかし、4党のなかにも改憲に消極的な議員もおり、また改憲内容についても意見が分かれるなど、今回の選挙結果をふまえて、一気に改憲に突き進むような情勢とはいえないようです。

ジャーナリスト **大野 敏明**
（元大学講師・元産経新聞編集委員）

思わずだれかに話したくなる

名字の豆知識

第28回

都道府県別の名字 今回は

山形

山形の名字は「藤」が多い

名字から探る山形県の特徴

山形県は出羽国の南半部から立県しました。県名の由来は県庁所在地の山形市からきています。山形は里方に対する語(山方)の当て字説と、山の方の地域を意味する山県(やまあがた)の転訛説があります。

山形県の名字のベスト20です。

佐藤、高橋、鈴木、斎藤、伊藤、阿部、渡辺、加藤、後藤、五十嵐、遠藤、渡部、武田、菅原、奥山、小林、本間、松田、井上、山口です(新人物往来社『別冊歴史読本　日本の苗字ベスト10000』より)。「藤」のつく名字が多いですね。6つもあります。このなかで全国ベスト20以外は阿部、後藤、五十嵐、遠藤、渡部、武田、菅原、奥山、本間、松田です。阿部、渡部、菅原は東北にとくに多い名字です。

「藤」のつく名字始まりは藤原氏

後藤は前にも出てきた藤原北家、利仁の流れです。利仁の子は叙用で斎藤を名乗りました。その子孫は吉信、重光、則経と続き、則経の子、則明が、前九年の役を平定した源頼義の家臣となり、「後藤太」と名乗りました。「後藤太」とは「藤原氏の後裔の筆頭」といったほどの意味でしょう。その4代後の清明、その子、基明の代に後藤を正式に名字としたようです。子孫はのちに伊達家に仕え、重臣となりましたが、東北の後藤はほとんどがこの後藤氏の子孫とそのあやかりでしょう。

五十嵐は北越の名字で、現在の新潟県新潟市の五十嵐浜が起源だと思われます。新潟市には五十嵐を大字とする五十嵐地区があります。「五十」と書いて「いそ」と読みますが、これは「磯」のことで、五十嵐は「いそあらし」が訛って「いそらし」、「いからし」となり、それが濁って「いがらし」となったのでしょう。新潟では現在でも濁らず、「いからし」といいます。

遠藤は「遠江国(現・静岡県西部)の藤原氏」という意味で、藤原南家の時理の子孫が遠江に住んで、遠藤を名乗ったとされています。時理は南家の祖、武智麻呂の8代の子孫、工藤為憲の子で、子孫からは仇討ちで有名な曽我兄弟、兄弟から仇として討たれた工藤祐経、大名となった伊東氏などが出ています。

子孫は院に仕える北面の武士となり、摂津国渡辺（現・大阪府大阪市中央区）に住み、やがて一族が大崎氏に仕えて陸奥に移り、東北に広がったといいます。

渡辺の地に残った遠藤氏の一族からは、平安末期に源頼朝の挙兵を助けた文覚上人がいます。上人は俗名、遠藤盛遠。北面の武士で、袈裟御前を殺して出家した話は小説（芥川龍之介『袈裟と盛遠』）にもなっています。

武士から豪農まで ルーツは様々

武田は甲斐国巨摩郡武田（現・山梨県韮崎市神山町武田）が発祥との説もあります。源頼義の3男、新羅三郎義光の子、義清が武田に住んで武田を名乗ったのが最初です。武田信玄は16代後の本家です。信玄の子の信清が出羽国米沢に移り、のちに伊達氏に仕え、東北の武田氏の基盤を作りました。

奥山は元来は越後国蒲原郡（現・新潟県胎内市）を領した桓武平氏が奥山姓を名乗ったとされますが不明です。子孫は新潟県北部から山形県、秋田県南部にまで広がりました。

本間は「本間様には及びもないが、せめてなりたや殿様に」という戯れ歌で有名です。庄内の豪農が本間氏で、殿様である酒井氏もおよばないという都々逸です。名字は相模国愛甲郡の本間（現・神奈川県厚木市）が発祥で、武蔵国（現・東京都、埼玉県、神奈川県の一部）を中心に勢力を伸ばした武士団、武蔵七党の1つ、横山党の一族が本間党です。横山党は小野妹子を祖とすると伝えられています。一族が越後、佐渡に渡って広がり、そのまた一族が庄内で成功して日本一の豪農となったとされています。当然、その一族、あやかりが多いと考えられます。

松田は藤原北家、秀郷（俵藤太）の4代の子孫、公光の子、経範が相模国波多野郷（現・神奈川県秦野市）に住んで波多野を称し、その子孫の波多野遠義の子、義通が波多野の西隣の相模国足柄上郡松田（現・神奈川県足柄上郡松田町）を領して松田を名乗ったのが始まりとされています。子孫の一部は源頼朝の奥州征伐に従って、奥羽に転戦して、山形にも居住するようになったと考えられます。

これ以外では富樫、梅津、渋谷、大沼、長岡、小関、東海林、板垣、安孫子、寒河江、岸、島貫、長南、大類、軽部などが山形県に多い名字です。

「藤」のつく
名字が多い
山形県

ミステリーハンターQのタイムスリップ歴史塾

シベリア出兵

今回のテーマは、日本を含めた４カ国が行ったシベリア出兵。なにも得るところのない出兵だったといわれた理由を答えられるかな。

勇 ロシアがウクライナに侵攻して大変なことになっているけど、昔、日本がロシアのシベリアに軍隊を送ったことがあったよね。

MQ シベリア出兵のことだね。

静 どうして出兵したの？

MQ １９１７年、第一次世界大戦に参戦中のロシアでは、食糧暴動を契機にロマノフ王朝が倒れる革命が起こったんだ。その後、レーニンによる第二次革命が起こり、世界初の社会主義政権が生まれたんだ。

勇 ロシア革命だね。

MQ 第二次革命によって成立したソビエト政府は、資本主義を否定したので、各国は脅威を感じたんだ。

静 だから、各国が軍隊を派遣したの？

MQ 革命に反対するロシアの王統派系の軍（白軍）が、革命を起こした赤軍と戦っていたし、チェコスロバキア軍の捕虜がシベリアにいたので、その救出を名目に日本、アメリカ、イギリス、フランスの４カ国が軍隊を送ったんだよ。

勇 ロシアの革命にほかの国が介入したということ？

MQ そう、干渉戦争だった。１９１８年３月、ソビエト政府がドイツと単独で講和を結ぶと、７月に４カ国は協定を結んで総兵力約２万８０００の出兵を行った。

静 日本はどのくらい出兵したの？

MQ 約１万２０００の兵力を送った。日本はその後、シベリアに近いこともあって、協定を無視して総兵を約７万３０００にまで増やして赤軍と戦い、一時は東シベリアを占拠するまでになった。

勇 ソビエトと全面戦争になっちゃうね。

MQ シベリアでは赤軍系のパルチザン（非正規軍）がいて、１９１９年には白軍が降伏したため、１９２０年６月までにアメリカ、イギリス、フランスは撤兵したんだ。同じころ、ニコラエフスクで日本人約９００人が赤軍のパルチザンに殺される尼港事件が起こった。日本はその報復として出兵を続け、北樺太（現・北サハリン）を占領するなどしたけど、列強の不信感が強まり、国内の反戦論もあって、１９２２年にシベリアから撤兵したんだ。

静 北樺太はどうなったの？

MQ 北樺太の占領は続けていたけど、１９２５年、日本はソビエト連邦と正式に国交を樹立、同時に北樺太からも完全に撤兵したんだ。この間、戦費は10億円、現在の価値に換算して、約４兆円を費やした。死傷者も約３５００人に達し、なにも得るところのない出兵だったといわれているね。

ミステリーハンターQ（略してMQ）

米テキサス州出身。某有名エジプト学者の弟子。1980年代より気鋭の考古学者として注目されつつあるが本名はだれも知らない。日本の歴史について探る画期的な著書『歴史を掘る』の発刊準備を進めている。

山本 勇

中学３年生。幼稚園のころにテレビの大河ドラマを見て、歴史にはまる。将来は大河ドラマに出たいと思っている。あこがれは織田信長。最近のマイブームは仏像鑑賞。好きな芸能人はみうらじゅん。

春日 静

中学１年生。カバンのなかにはつねに、読みかけの歴史小説が入っている根っからの歴女。あこがれは坂本龍馬。特技は年号の暗記のための語呂合わせを作ること。好きな芸能人は福山雅治。

サクセス印のなるほどコラム

ニワトリの卵は、優等生だった!?

卵の話の続きを教えて！

卵の話？　どんな話をしてたんだっけ？

ぼくがさ、「玉子料理のない生活なんて考えられないよ」って言ったら、先生が「先生もそうだから、いまの時代に生まれてこられて幸せだよ！」って言ったんだよ。

あ〜思い出した！　そうそう、いまの時代だからこそ、卵が食べられるんだよ。

え？？　昔は卵が食べられなかったの？　なんで？　卵がないとか？

そうではなくて、大昔の仏教では、卵を食べる＝卵の命をいただく＝「殺生」と考えられていたんだよ。だから卵を食べることを避けていたってこと。

信仰として卵を食べなかったんだね。理由はわかったけど、卵が食べられない時代、自分だったら困るなあ……。

でもさあ、その時代に生きていたなら、卵を食べる習慣もないわけだから、味も知らないし、そんなに困らない気もするけどね（笑）。

確かに！　食べたことのないものに対して、食べたいという気持ちは湧かないよね。

そうでしょ。それで話を戻すと、江戸時代になってからは“卵は生きものではない”という考え方に変わってきたらしく、普通に食べることができるようになったんだって。

へえ〜。ということは、江戸時代の日本人はいまみたいに卵を食べていたんだね？

ところがそうもいかなかったみたい。

なに？　まだ問題があるの？

その通り。なんと、その当時の卵はすごく高価で、かけそば１杯よりも卵１個の価格の方が高かったらしいんだ。

卵１個がかけそばよりも高い!?　だったらぼくはかけそばの方を食べたいかも。

先生もそうだよ。卵って、一度に何個も食べることはあまりないから、ごはんのお供みたいな、ちょっとしたおかずという感じだよね。個人的な好みになるけど、卵よりも満腹感を得られそうなかけそばの方を食べたいなあ。

ね？　かけそばに気持ちが向くでしょ？

かけそばを推すね（笑）。そうそう、卵って、いまの時代は価格変動が少ないから「価格の優等生」って呼ばれているんだよ。

「価格の優等生」かあ。ぼくも優等生になりたいなあ〜卵を食べれば優等生になれるかなあ？

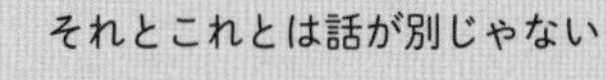

それとこれとは話が別じゃない？

そうかも。でもさ、卵の食べ過ぎもいけないんだよね？

どんな食材でも摂りすぎは身体によくないよ。

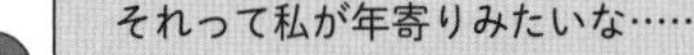

じゃあ、先生はとくに気をつけないとだね。だって、人生ベテラン組だから。

それって私が年寄りみたいな……。

そうじゃなくて！　卵が安いからって食べ過ぎ注意って言っているだけだよ。

心配してくれてありがとう。

だって、卵を食べて先生がさらに優秀になって、色々と注意されたりしたら困るし（笑）。

だから、卵は価格の優等生であって、食べて優等生になれるわけじゃないから！

先生に突っ込まれた！　これじゃ、いつもと逆だ〜ぼく混乱してきた。

じゃあ、卵を食べなよ。

食べても優等生になれないんでしょ？　なんか矛盾してない？

中学生でもわかる
高校数学のススメ

高校数学では、早く答えを出すことよりもきちんと答えを出すこと、つまり答えそのものだけでなく、答えを導くまでの過程も重視します。なぜなら、それが記号論理学である数学の本質だからです。さあ、高校数学の世界をひと足先に体験してみましょう！

written by
湯浅 弘一
ゆあさ・ひろかず／湘南工科大学特任教授・湘南工科大学附属高等学校教育顧問

Lecture! 絶対値の記号が含まれるグラフ(3)

例題　$|x|+|y|=1$のグラフを描きなさい。

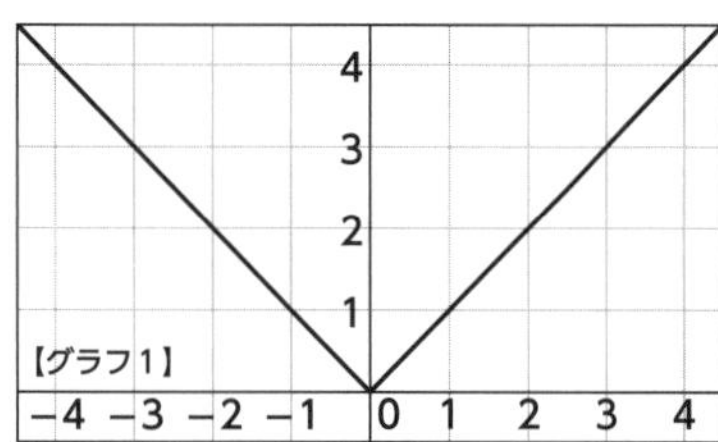

6月号と8月号で「絶対値の記号が含まれるグラフ」を取り上げました。今回はそのさらに続編なのですが、“なんだこれ？”と思われた方も多いかと思われます。以前は$y=|x|$のグラフ、つまり絶対値の記号は1カ所だけでしたが、今回は$|x|$と$|y|$の2カ所あります。

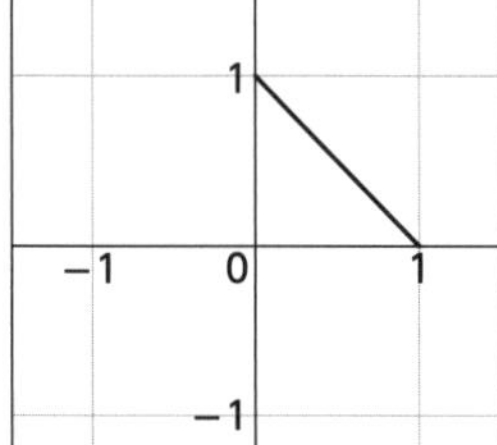

まず、$y=|x|$のグラフは左の【グラフ1】の通りでした。このグラフはy軸に関して対称ですね。なぜなら$|x|$は$|x|=|-x|$だからです。具体的に確認してみましょう。例えば、$|1|=|-1|$、$|2|=|-2|$、$|3|=|-3|$などはいかがでしょうか。つまり$y=|x|$において、xのときのyの値と$-x$のときのyの値が同じになるわけです。

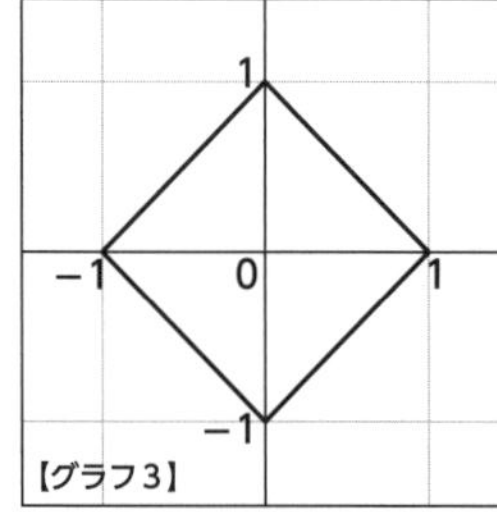

続いて、グラフから見てもわかりますが、$y=|x|$は$x\geqq 0$のときに$y=x$になります。これを使います。

(解答例) $|x|+|y|=1$は$x\geqq 0$, $y\geqq 0$のとき、$x+y=1$つまり$y=-x+1$(【グラフ2】)。$|x|=|-x|$が成り立つのでy軸に関して対称。$|y|=|-y|$が成り立つのでx軸に関して対称。したがって、$|x|+|y|=1$のグラフは【グラフ3】の通り。

今回学習してほしいこと

$|x|=|-x|$が成り立つときはy軸に関して対称・・・$x\geqq 0$を考える
$|y|=|-y|$が成り立つときはx軸に関して対称・・・$y\geqq 0$を考える

さあ、早速練習です！　左ページに上級、中級、初級と3つのレベルの類題を出題していますので、チャレンジしてみてください。

練習問題

上級

$|x|-|y|=1$の
グラフを描きなさい。

中級

$2|x|+|y|=2$の
グラフを描きなさい。

初級

$|x|+|y|=2$の
グラフを描きなさい。

解答・解説は次のページへ！

解答・解説

上級

$|x|-|y|=1$ は $x \geqq 0, y \geqq 0$ のとき、$x-y=1$
つまり $y=x-1$

$|x|=|-x|$ が成り立つので y 軸に関して対称。
$|y|=|-y|$ が成り立つので x 軸に関して対称。

よって、グラフは以下の通りになります。

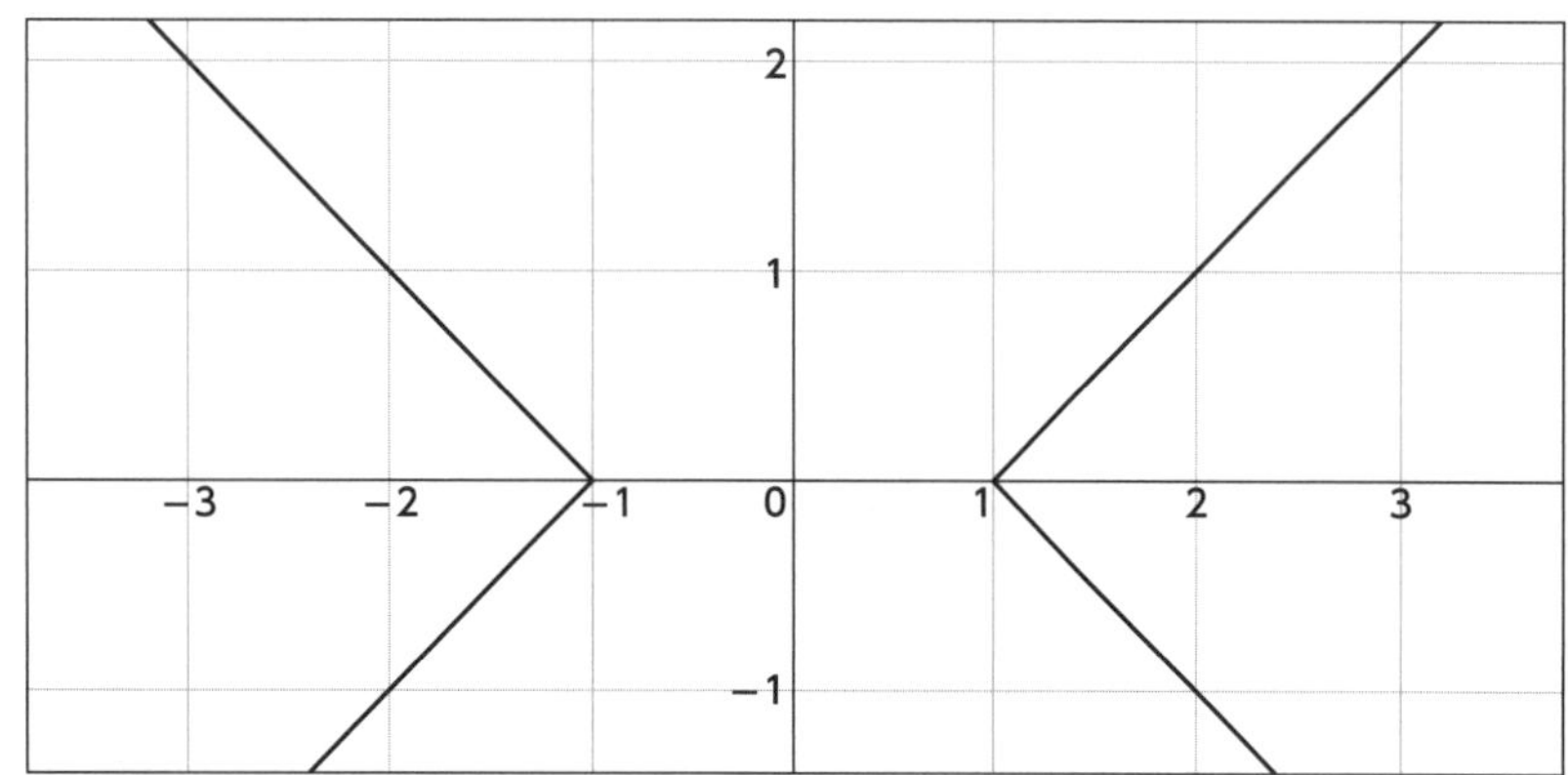

中級

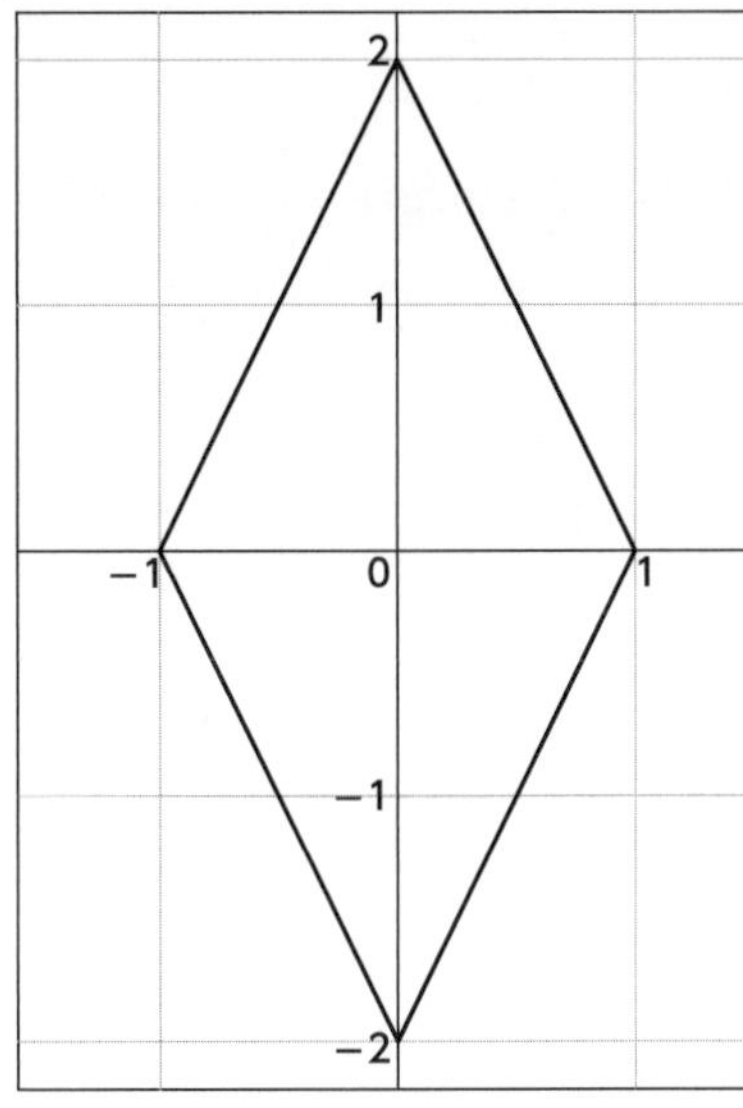

$2|x|+|y|=2$ は $x \geqq 0, y \geqq 0$ のとき、
$2x+y=2$
つまり $y=-2x+2$

$|x|=|-x|$ が成り立つので y 軸に関して対称。
$|y|=|-y|$ が成り立つので x 軸に関して対称。

よって、グラフは左の通りになります。

初級

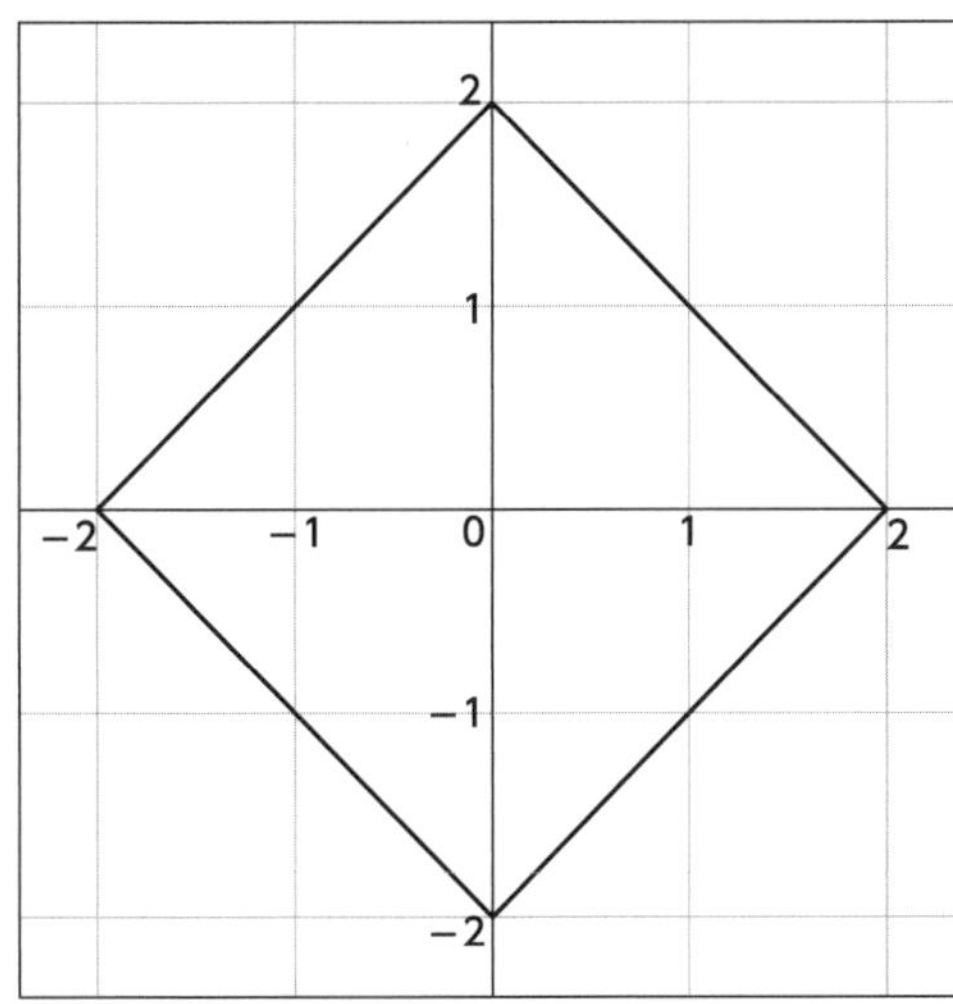

$|x|+|y|=2$ は $x \geqq 0, y \geqq 0$ のとき、
$x+y=2$
つまり $y=-x+2$

$|x|=|-x|$ が成り立つので y 軸に関して対称。
$|y|=|-y|$ が成り立つので x 軸に関して対称。

よって、グラフは左の通りになります。

想定を超える国家の危機にいかに備えるか その教訓を活かすのはあなたたちだ

今月の1冊

『日米中枢 9人の3.11』 核溶融7日間の残像

著／太田昌克
刊行／かもがわ出版
価格／1980円（税込）

「サンテンイチイチ」という言葉を、あなたたち中学生はどのようにとらえているだろうか。ちょうど10年半前、2011年の3月11日、日本は未曾有の国家危機に見舞われることになった。あなたたちが物心ついたころのことだ。

東日本大震災に端を発した大津波に襲われた福島の原子力発電所数基の事故。そのとき「事故対応に命を削る思いであたった日米中枢の9人」に、10年がかりで粘り強く接触し、まとめられたのが本書だ。9人の証言からみえてくるのは、「東日本壊滅」までが想定された、緊迫した7日間の記録である。

冒頭のグレゴリー・ヤツコ米原子力規制委員会委員長の証言にまず、読者は姿勢を正すだろう。

ヤツコ氏は日本政府の初動にいらだちを募らせる。核を扱う者の覚悟を疑ったからだ。起こり得る核戦争に平時から備えるアメリカと、原子力の安全神話に芯まで浸かっていた日本。日米中枢の隔たりは大きかった。

それでも危機収束へ強力な援助を日本政府に提供し続けたアメリカ。残念ながら日本には原発事故対応の経験は当然なく、実践的準備は皆無だった。原子力に敏感な国民感情から事故を想定すること自体がタブー。そのタブーがいつしか原発安全神話へと昇華していたのだ。

アメリカ側の不信が解け始めたのは、「彼らは戻ってこないかも」と悲壮な覚悟で隊員を送り出した陸上自衛隊による原発真上からの放水だった。

暴れる原子炉に水でフタをする「英雄的行動」が、日米の間に流れていた風の向きを変えた。ヤツコ氏が求めた覚悟を現場で示した何人もの日本人の英雄がいて、いまの日本国家が存続しているとまでいっていい。

核問題取材歴30年の著者、渾身の1冊といえる。「福島が最後の事故になると考えるのは間違いだ」というヤツコ氏の警告が、同書冒頭に記されている。

いまの中高生や子どもたちにこそ、この本を読んでほしかったからに違いない。

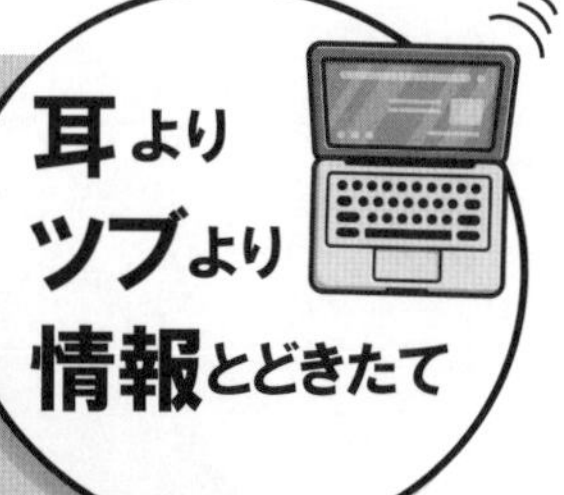

踏切の周囲360度から確認でき危険を知らせる全方向踏切警報灯

ちょうちんをぶらさげたような形の全方向踏切警報灯。どこから見ても丸く見える不思議さに見上げる人も多い（東京JR代々木駅近く「青山街道踏切」、撮影／大貫航）

どの方向からもよく見えることで安全性が向上

電車が近づくと「カン、カン、カン」と大きな警報音が鳴り始め、赤色に発光点滅して危険を知らせる踏切警報灯。あのライトが、この10年ほどで大きく進化し、ここ1年半、急速に全国の踏切に設置が進んでいます。

最新式は「全方向踏切警報灯」と呼ばれ、遠方からも、横からも、横断直前の真下近くから見ても、すべての方向から「赤くて丸い発光」を視認できるしろものです。

従来は、黒い平板の真ん中に丸いライト、そして日よけの黒いツバがついているタイプが多く見受けられました。しかし、片面からしか見えませんから、1つの踏切にいくつもつける必要があり、それでも死角ができてしまっていたのです。

全方向踏切警報灯は、写真のように上からぶらさげたちょうちんのような形をしています。

この取りつけ方法も「どこからでも視認できる」要因の1つですが、それよりも黒い円柱ケースに入っている丸いライトこそが「どこからでも見える」正体です。

どの方向からでも「光が丸く」見えるのは、ケースのなかの黒い円柱に、上から見て120度ずつに分けられた3つの部屋があり、各部屋のなかに100個あまりの赤色LEDが丸く並べられており、それが警報時に輝くのです。よく見ればそれぞれは平面なのですが、丸いライトに見えるように工夫されています。

2004年には実用化されていて、都内のある踏切に設置されると、車両に遮断機が接触して破損する事故が激減したのです。それが評判を呼び、ここ最近、全国の踏切に一気に広がりました。

LEDライトの発光で、昼間でも100m先から見え、大型車でも軽自動車でも、どの運転席の高さからも変わらず視認できることが特徴です。

今度、踏切を渡る機会があったらぜひ全方向踏切警報灯を探してみてください。

※全方向踏切警報灯が作動している動画はこちらから→ 

6月号の答えと解説

解答　19枚

解説

図アのように、平面図（上から見た図）の１列目（最前列）のコインを左からＡ、Ｂ、２列目を左からＣ、Ｄ、Ｅ、３列目を左からＦ、Ｇとします。

すると、図イの立面図（正面から見た図）の１段目に見える４枚のコインは、左からＣ、Ａ、Ｂ、Ｅになります。

次に、２段目の左側の２枚の見え方が１段目と違うので、Ａの位置に置かれている枚数は１枚で、２段目の左から２番目に見えているのはＤということがわかります。また、２段目の右側の２枚は１段目と同じなので、ＢとＥです。

３段目、４段目も同様に考えていくと、立面図で見えているコインの区別は図イのようになっていて、Ｇの位置にあるコインは正面から見えていないことがわかります。

以上のことから、Ａ～Ｆの位置にあるコインの枚数は、それぞれ、１、２、２、３、４、４枚であり、Ｇの位置にあるコインは３枚以下ですから、置かれた100円硬貨の枚数は、図ウの見取り図のように、最大で、１＋２＋２＋３＋４＋４＋３＝19（枚）ということになります。

図ア

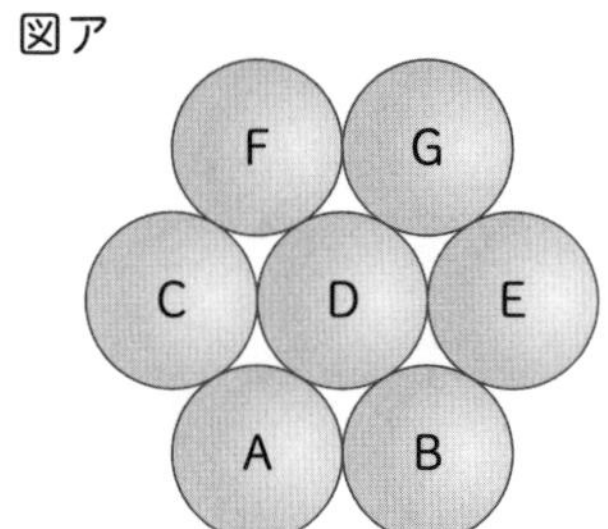

図イ

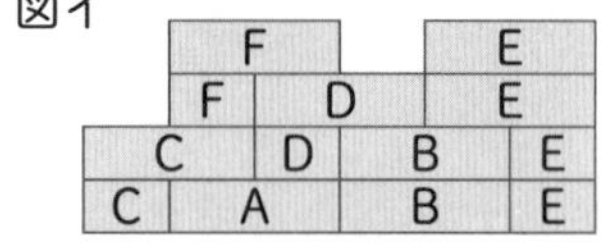

図ウ

今月のプレゼント！

にじみにくい蛍光ペン

上から線を引いても、ボールペンのインクがにじみにくい「ジャストフィット モジニライン」（ゼブラ）。

その理由はインクがプラスの電荷を帯びているため。一般的な水性ボールペンのインクはマイナスの電荷を帯びているので、ボールペンで書いた文字の上に「ジャストフィット モジニライン」のプラスの電荷を帯びたインクが重なると、互いのイオンが結合してボールペンのインクが固まり、にじみを抑えられるのです。

加えて、「ジャストフィット モジニライン」のペン先はナイロンでできており、しなって紙面にフィットするため、均一の力で線を引きやすくなっています。ノートや教科書はもちろん、曲面の大きな厚い参考書などにも使いやすい構造です。

今回は３色セットを３名様にプレゼントします。

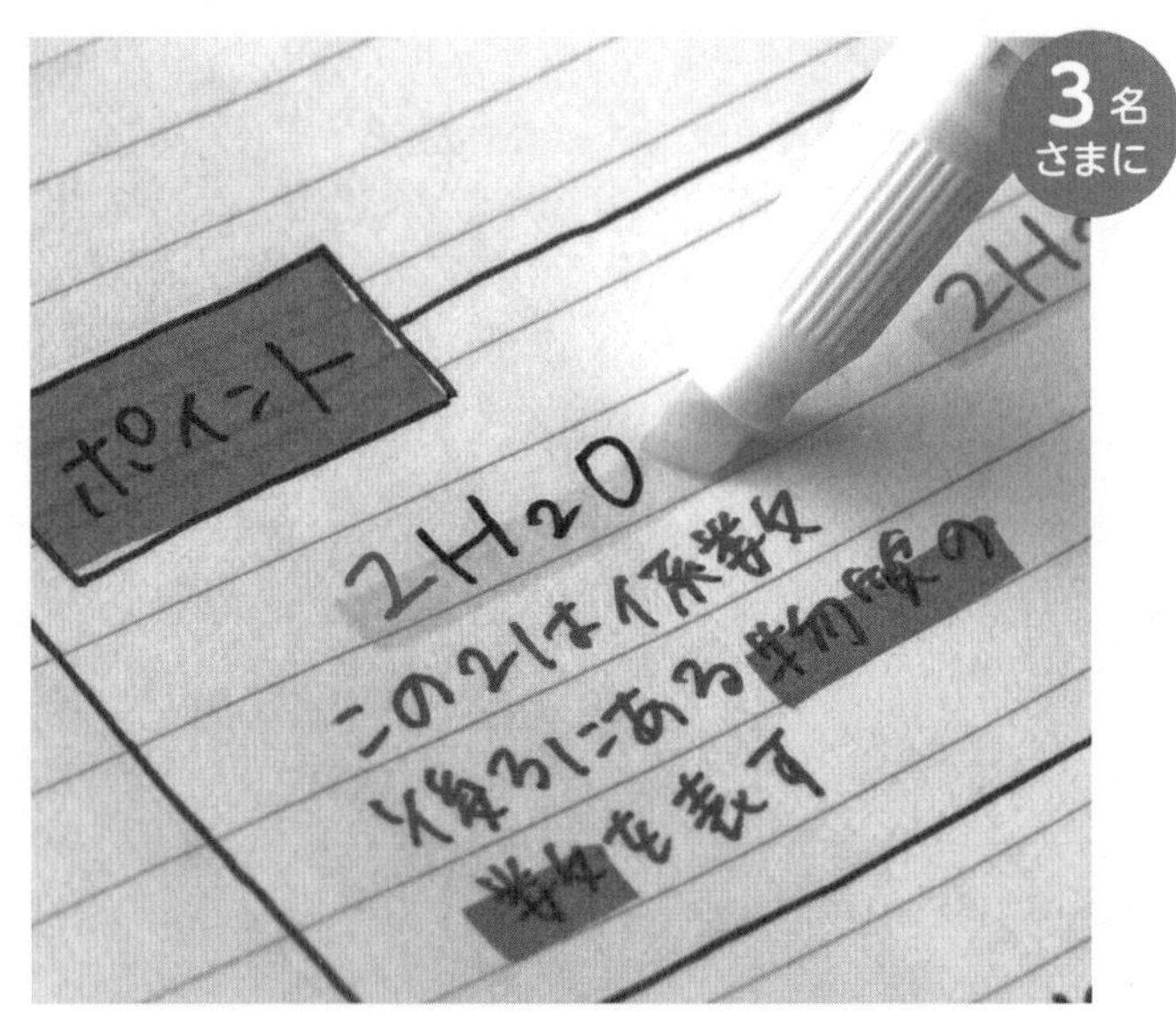

今月号の問題

単語パズル

天国（heaven）と地獄（hell）のように、下のアミダをたどって８組すべてが対義語のペアになるようにするには、ア～カの６本の縦線のうち、２本の線をつけ加える必要があります。どの線とどの線をつけ加えればよいでしょうか？　その記号を答えてください。

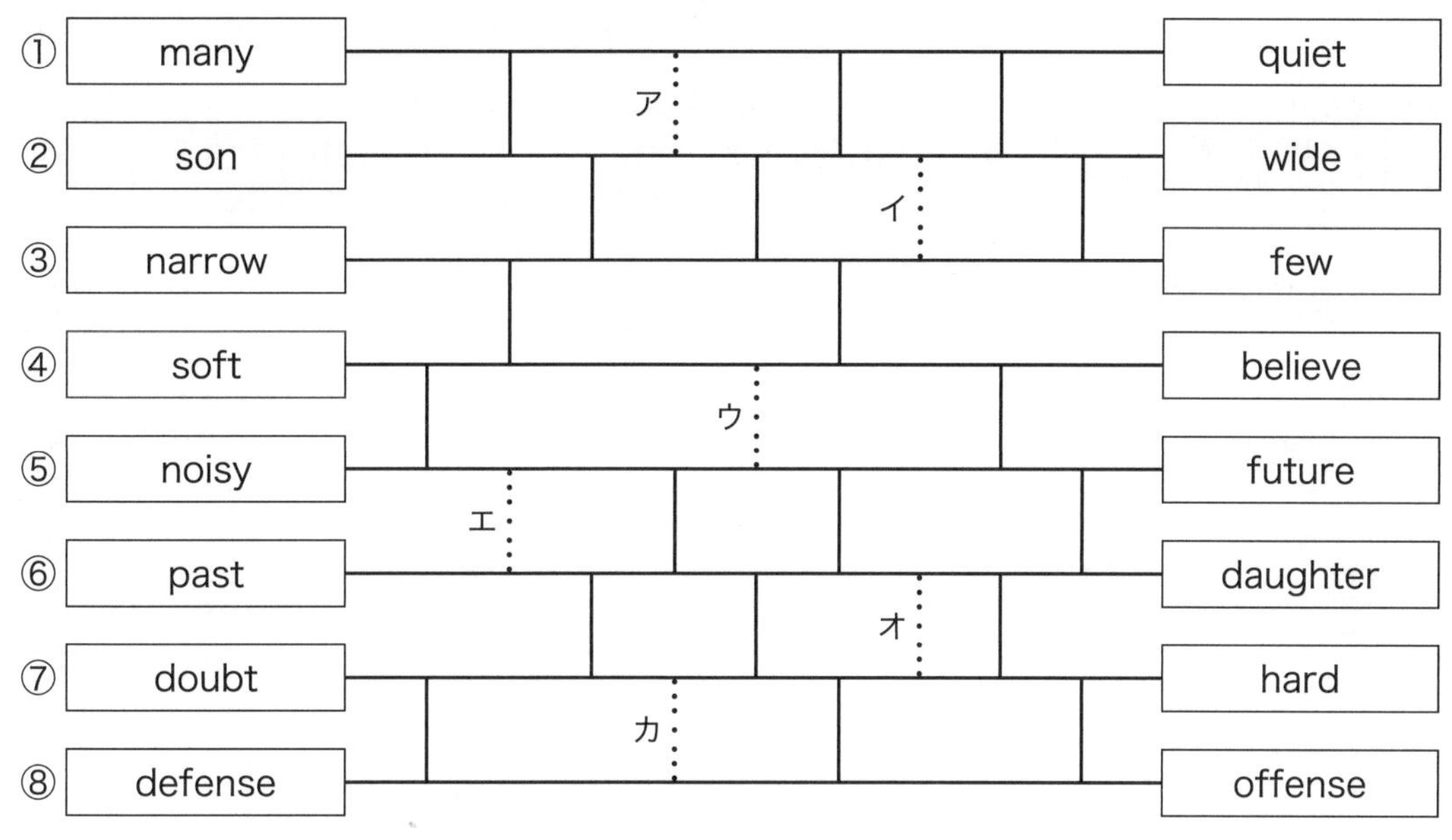

応募方法

下のQRコードまたは104ページからご応募ください。
◎正解者のなかから抽選で右の**「ジャストフィット モジニライン」**をプレゼントいたします。
◎当選者の発表は本誌2023年２月号誌上の予定です。
◎応募締切日 2022年10月7日

6月号パズル当選者（全応募者22名）

西川　瑞己さん（中２・東京都）
鈴木　俐駈さん（中１・埼玉県）
篠崎　凛空さん（中１・埼玉県）
亀田　拓玖さん（中２・東京都）
池畠　さくらさん（中３・東京都）

夢が広がる高校選びの情報満載！

Success15

バックナンバー好評発売中！

2022年 8月号

学校を知る第1歩
学校説明会に行こう！

Special School Selection
お茶の水女子大学附属高等学校

研究室にズームイン
東京海洋大学 茂木正人教授

私立高校WATCHING
成蹊高等学校

ワクワクドキドキ 熱中部活動
品川翔英高等学校

2022年 6月号

志望校探し
自分に合った高校を選ぶには

日々の暮らしを彩る
陶磁器の世界にご招待！

Special School Selection
東京都立国立高等学校

私立高校WATCHING
青山学院高等部

公立高校WATCHING
神奈川県立厚木高等学校

2022年 4月号

高校受験生のこの1年
どう過ごすかを考える

テクノロジーで大きく進歩
私たちの生活を支える「物流」

Special School Selection
筑波大学附属駒場高等学校

高校WATCHING
昭和学院秀英高等学校
埼玉県立川越女子高等学校

2022年 2月号

本番で実力を発揮できる
強さを作ろう

100分の1ミリで生み出す
「時計」の世界

Special School Selection
開成高等学校

私立高校WATCHING
中央大学附属高等学校

2021年 12月号

スピーキング重視時代
「withコロナ入試」再び

自宅で楽しめる
身近になったVR

Special School Selection
東京都立西高等学校

私立高校WATCHING
明治大学付属中野高等学校

2021年 10月号

まずは公立高校か私立高校か？

自動運転バスがかなえる
自由な移動

Special School Selection
早稲田大学本庄高等学院

公立高校WATCHING
東京都立立川高等学校

2021年 8月号

まず学校説明会に
参加しよう！

知られざる「緑化」の効果

Special School Selection
東京都立戸山高等学校

私立高校WATCHING
桐朋高等学校

2021年 6月号

挑戦のときがきた

時代に合わせて
変化する「辞書」

Special School Selection
慶應義塾志木高等学校

公立高校WATCHING
神奈川県立川和高等学校

2021年 4月号

高校受験はどう変わる？

JAXAが作る未来の飛行機&ヘリ

Special School Selection
早稲田大学高等学院

高校WATCHING
埼玉県立春日部高等学校
中央大学杉並高等学校

2022年 夏・増刊号

中学生だからこそ知ってほしい

2025年から変わる大学入試

色の変化に注目
なぜなに科学実験室

**神奈川・埼玉の公立トップ校
高い大学合格実績をあげる
その教育に迫る**
神奈川県立横浜翠嵐高等学校
埼玉県立浦和高等学校

2021年 秋・増刊号

君を成長させてくれる
大学とは

グラフィックレコーディング
を学ぼう

欲張るからこそ輝く高校生活
国学院大学久我山高等学校
東京都立新宿高等学校

これより以前のバックナンバーはホームページでご覧いただけます（https://www.g-ap.com/）

バックナンバーはAmazonもしくは富士山マガジンサービスにてお求めください。

10月号

表紙：東京学芸大学附属高等学校

FROM EDITORS 編集室から

中学生のみなさんは夏期休暇が終わり、新学期を迎えたことかと思います。通学し、勉強に励む日々のなかで、電車で学校に通っている方や、そうでない方にもぜひ読んでほしいのが11ページからの「これからも進化し続ける交通系ICカード」。20年以上にわたり便利さを追求していることに驚きと尊敬の念を抱きます。また機械・電気系などの専門家や駅員、運転士の方など、各分野のエキスパートが集まり「どうしたらいいか？」を考えている点が印象的でした。みなさんもこれからスパートの時期、苦手な教科・科目を克服したいと考えているとしたら、１人で悩むのではなく、得意とする友だちに相談したり、教えあったりするのが早道かもしれません。(Y)

Next Issue 秋・増刊号

Special

大学が「統合・再編」の時代に 中学生はどんな準備を？

難関大学に多数の合格者を出す 私立４校の魅力とは!?

※特集内容および掲載校は変更されることがあります。

Information

『サクセス15』は全国の書店にてお買い求めいただけますが、万が一、書店店頭に見当たらない場合は、書店にてご注文いただくか、弊社販売部、もしくはホームページ（104ページ下記参照）よりご注文ください。送料弊社負担にてお送りします。定期購読をご希望いただく場合も、上記と同様の方法でご連絡ください。

Opinion, Impression & ETC

本誌をお読みになられてのご感想・ご意見・ご提言などがありましたら、104ページ下記のあて先より、ぜひ当編集室までお声をお寄せください。また、「こんな記事が読みたい」というご要望や、「こういうときはどうしたらいいの」といったご質問などもお待ちしております。今後の参考にさせていただきますので、よろしくお願いいたします。

サクセス編集室 お問い合わせ先

TEL : 03-5939-7928　FAX : 03-3253-5945

今後の発行予定

発行日	号	発行日	号
10月18日	秋・増刊号	2023年3月15日	2023年4月号
11月15日	12月号	2023年5月15日	2023年6月号
2023年1月16日	2023年2月号	2023年7月15日	2023年8月号

FAX送信用紙

※封書での郵送時にもコピーしてご使用ください。

101ページ「単語パズル」の答え

氏名

学年

住所（〒　　　　-　　　　　）

電話番号

（　　　　　　　）

現在、塾に

通っている　・　通っていない

通っている場合

塾名

（校舎名　　　　　　　）

面白かった記事には○を、つまらなかった記事には×をそれぞれ３つずつ（　）内にご記入ください。

（　）04 Special School Selection 東京学芸大学附属高等学校
（　）11 利用者の利便性を高めるために これからも進化し続ける 交通系ICカード
（　）18 公立高校WATCHING 東京都立八王子東高等学校
（　）22 ワクワクドキドキ　熱中部活動 立教新座高等学校 フェンシング部
（　）26 突撃スクールレポート 工学院大学附属高等学校
（　）29 模擬試験を活用して 合格への道を切りひらく
（　）38 受験生のための明日へのトビラ
（　）40 スクペディア 安田学園高等学校
（　）41 スクペディア 成立学園高等学校
（　）42 知って得するお役立ちアドバイス！
（　）46 レッツトライ！　入試問題
（　）60 帰国生が活躍する学校 栄東高等学校
（　）63 中学生の未来のために！ 大学入試ここがポイント
（　）64 東大入試突破への現代文の習慣
（　）68 早稲田アカデミー大学受験部 授業ライブ
（　）70 東大生リトの　とリトめのない話
（　）72 キャンパスデイズ十人十色
（　）76 マナビー先生の最先端科学ナビ
（　）81 for中学生 らくらくプログラミング
（　）82 なぜなに科学実験室
（　）86 中学生のための経済学
（　）88 淡路雅夫の中学生の味方になる子育て 楽しむ　伸びる　育つ
（　）89 ピックアップニュース！
（　）90 思わずだれかに話したくなる 名字の豆知識
（　）92 ミステリーハンターQの タイムスリップ歴史塾
（　）93 サクセス印のなるほどコラム
（　）94 中学生でもわかる 高校数学のススメ
（　）98 Success Book Review
（　）99 耳よりツブより情報とどきたて
（　）100 解いてすっきり パズルでひといき

FAX.03-3253-5945

FAX番号をお間違えのないようお確かめください

サクセス15の感想

高校受験ガイドブック2022 10　Success15

発　行：2022年９月20日 初版第一刷発行
発行所：株式会社グローバル教育出版　〒101-0047 東京都千代田区内神田2-4-2 一広グローバルビル3F
ＴＥＬ：03-3253-5944
ＦＡＸ：03-3253-5945
Ｈ　Ｐ：https://success.waseda-ac.net/
e-mail：success15@g-ap.com

郵便振替口座番号：00130-3-779535
編　集：サクセス編集室
編集協力：株式会社 早稲田アカデミー

【個人情報利用目的】ご記入いただいた個人情報は、プレゼントの発送およびアンケート調査の結果集計に利用させていただきます。